# HISTOIRE

## DE LA VILLE ET DU CANTON

# DE BEAUGENCY

## PENDANT LA GUERRE DE 1870.

ORLÉANS, IMPRIMERIE DE G. JACOB, CLOÎTRE SAINT-ÉTIENNE, 4.

# HISTOIRE

## DE LA VILLE ET DU CANTON

# DE BEAUGENCY

## PENDANT LA GUERRE DE 1870.

*Quis talia fando*
*Temperet a lacrymis?*
(ÉNÉIDE, liv. II.)

**Prix : 1 fr. 50.**

**ORLÉANS,**
M. HERLUISON, libraire, rue Jeanne-d'Arc, 17.

**BEAUGENCY,**

| | |
|---|---|
| M$^{me}$ V$^e$ GATINEAU, libraire, | M. MASSON, libraire, |
| Rue des Vieux-Fossés. | Rue de la Maille-d'Or. |

**1871**

# AVANT-PROPOS

---

Au début de la guerre si imprudemment déclarée par l'Empereur à la Prusse, l'idée nous vint d'inscrire jour par jour les événements qui se rattachaient à l'histoire de la ville et du canton de Beaugency. Nous pensions que nos concitoyens liraient avec intérêt ces souvenirs rétrospectifs de nos malheurs, et que nous léguerions ainsi à la génération qui nous succédera le devoir de les apprécier et de les venger un jour.

Si dans chaque localité envahie par l'ennemi s'était tenu un journal semblable au nôtre, l'auteur qui se chargera d'écrire plus tard l'histoire générale de la guerre de 1870 y aurait puisé des documents d'autant plus authentiques, qu'ils auraient été fournis par des témoins oculaires. Nous dirons ce que nous avons vu, ce que nous avons entendu, et comme les détails que nous donnerons ont été scrupuleusement enregistrés à la fin de chaque journée, ils nous ont semblé mériter quelque confiance (1). .

Il n'est pas entré dans notre plan de nous étendre sur les causes, comme sur les divers incidents de la guerre la plus impitoyable que jamais un peuple ait subie. Nous ne dirons pas les tristes pressentiments que nous avons eus, lorsqu'au début de la campagne, en juillet, tout près de Genève, nous avons entendu les Anglais, les Italiens, les Russes, les Suisses eux-mêmes, déplorer l'imprévoyance et la légèreté de notre gouvernement, la faiblesse et la désorganisation de notre armée. Nous nous bornerons à raconter ce qui s'est passé journellement sous nos yeux, ou ce qui touche indirectement à notre canton. Ce n'est donc pas une histoire que nous offrons à nos lecteurs, mais

(1) « Le récit d'un témoin oculaire mérite seul le nom d'histoire. » (Préface de l'*Histoire des ducs de Bourgogne*, par M. de Barante, page 5.)

un mémorial fidèle de faits dont ils ont été témoins comme nous, et dont ils peuvent, en conséquence, reconnaître l'exactitude.

La guerre est par elle-même un assez grand fléau, sans y joindre les actes de pillage et de férocité dont les Prussiens se rendirent coupables dans le canton de Beaugency. Parmi les sept communes dont il se compose, il est bien peu de nos concitoyens, riches ou pauvres, bien peu d'habitations rurales ou urbaines, qui n'aient eu des désastres à subir... Des maisons incendiées ou gravement endommagées, des chevaux, des voitures, des bestiaux ravis par la force à leurs propriétaires, des provisions de toute espèce enlevées ou gaspillées, du linge, des objets de literie, des vêtements d'hommes et de femmes... jusqu'aux layettes des nouveaux-nés, des meubles volés ou détériorés à plaisir, des vexations, des scènes de violence, le pain et la viande sur le point de manquer chaque matin ; tel a été pendant longtemps le triste bilan de la population de la ville et du canton. Dans cette affreuse situation, il n'y a pas à s'étonner si elle demandait à grands cris la fin de tous ses maux par une paix quelconque. On lui reprochera peut-être de sacrifier ainsi l'intérêt général à l'égoïsme de ses intérêts personnels ; mais l'intérêt général est-il autre chose que la réunion des intérêts particuliers ? Or, quand ces derniers souffraient à un tel point, et depuis si longtemps, il leur était bien permis, ce nous semble, d'oublier toute autre considération.

Pour nous, qui avons assisté au spectacle de tant de misères, qui avons entendu les plaintes amères d'ouvriers, d'artisans privés de leur labeur, manquant de tout, dépouillés de leur mobilier, chassés de leurs demeures par des soldats prussiens, et sans pain comme sans asile, nous ne pouvions nous empêcher de partager leurs vœux, qu'au prix même d'un sacrifice, on rendît au pays le repos dont il avait si grand besoin.

Nous comprenons que dans les départements non envahis on persistât à demander la guerre à outrance. Ils ne connaissaient pas les tortures morales et physiques causées par l'occupation étrangère, ni les malheurs qu'elle entraînait à sa suite. S'ils y avaient été exposés comme nous, il est probable qu'ils auraient tenu un autre langage ; et à cet égard nous pouvons en offrir une preuve. Quand le 13 octobre 1870, la ville de Beaugency, incapable d'opposer une résistance quelconque aux Prussiers, les laissa pénétrer dans ses murs, elle fut exposée aux reproches, aux injures, aux plus sanglants outrages de villes voisines, telles que Mer, Blois et Tours, qui moins de trois mois après se rendirent encore plus facilement que nous. Hélas! il en eût été de même de la plupart des villes du Midi, qui loin du danger se vantaient de ne jamais céder, mais qui, menacées par des forces supérieures, auraient vu, comme tant d'autres, s'évanouir leurs projets d'une résistance désespérée (1).

Un membre du gouvernement de la défense nationale avait osé dire « qu'il aimait mieux voir la France morte que blessée... » Le fanatisme républicain lui faisait oublier sans doute que les blessés se rétablissent et reprennent des forces pour recommencer la lutte, tandis que les morts ne reviennent jamais à la vie.

(1) *Histoire du Consulat et de l'Empire*, t. Ier, p. 231, lig. 5, 6 et 7.

# HISTOIRE

## DE LA VILLE ET DU CANTON

# DE BEAUGENCY

## PENDANT LA GUERRE DE 1870.

———⋆◦✦◦⋆———

## I.

Au plébiscite du 8 mai 1870, sur 3,773 électeurs inscrits dans le canton de Beaugency, 3,389 prirent part au
scrutin, qui donna 2,920 oui et seulement 456 non. Ce ne
fut pas une question dynastique qui décida du vote de nos
campagnes. En préférant l'Empire à la République, elles
croyaient s'assurer ainsi la continuation des dix-huit années
de paix et de prospérité dont elles avaient joui, et étaient
loin de se douter que le résultat des suffrages exprimés
par elles en faveur de Napoléon III les conduirait fatalement, trois mois plus tard, à l'opposé de tous leurs vœux.

M. Pandellé, conseiller général, et M. Lorin de Chaffin,
conseiller d'arrondissement, se trouvant dans la série sor-
tante en 1870, il fallut procéder à de nouvelles élections,
qui eurent lieu le dimanche 12 juin. M. Pandellé, ayant

renoncé à se présenter de nouveau, M. Boucheron, maire de Cravant, fut nommé conseiller général par une majorité de 1,895 voix, et M. Lorin de Chaffin réélu conseiller d'arrondissement par 2,180 voix.

Le Conseil d'arrondissement tint, comme à l'ordinaire, la première partie de sa session à la fin de juillet ; quant au Conseil général, il ne fut pas appelé à fonctionner jusqu'à sa dissolution, dont nous parlerons plus loin.

Le renouvellement général des Conseils municipaux devant avoir lieu en 1870 les élections se firent à Beaugency les 6, 7, 13 et 14 août. Par suite, le Conseil municipal fut composé de la manière suivante, dans l'ordre des suffrages exprimés :

MM. Lorin de Chaffin, — Gagé, — Louis Picou, — Benoît Quéhant, — Lemery, — Boucheron-Quétard, — Huguet, — Denizet, — Auguste Hiss, — Pandellé père, — Duhamel père, — Sebille père, — Drion, — Cahu, — Fougeu, — Delahaye, — Charles Glaneur, — Francis Thauvin, — Millier, — Édouard Paty, — Leconte-Bouault, — Achille Poucher, — Pascal Corneau.

Un décret impérial, en date du 14 janvier 1870, avait appelé aux fonctions de maire M. Delahaye, à celles d'adjoints MM. Huguier et Duhamel père.

Le 15 août, le Conseil municipal fut installé, et prêta à l'Empereur un serment de fidélité qu'il ne devait pas tenir longtemps. La fête se borna à des distributions de pain aux indigents et à des prières pour la paix, auxquelles assistèrent le maire, ses adjoints et quelques membres du Conseil, escortés par la compagnie de sapeurs-pompiers. Le prestige de l'empire commençait à s'évanouir déjà dans l'opinion publique.

Un certain nombre de nos concitoyens, appartenant soit à l'armée, soit à la garde mobile, avaient reçu l'ordre de marcher au secours de la patrie menacée d'une invasion étrangère. Une souscription s'organisa dans la ville pour assister les familles qui perdaient avec eux leurs moyens d'existence. Elle produisit environ 1,800 fr., y compris 500 fr. votés, par le Conseil municipal sur les fonds de la ville. Le maire forma une commission chargée de répartir hebdomadairement ces secours, dans la proportion des besoins de chaque famille; M. Huguier, premier adjoint, en fut nommé trésorier. Malheureusement, la souscription s'épuisa, sans qu'il ait été possible de la renouveler au moment où elle eût été la plus nécessaire.

Dans le même but, ainsi que pour secourir les blessés, M. Dureau, préfet du Loiret, institua un comité départemental à Orléans, et appela à en faire partie MM. Boucheron, conseiller général, et Lorin de Chaffin, conseiller d'arrondissement. MM. Pandellé père et Lorin de Chaffin fils y furent adjoints plus tard. Ce comité se réunit pour la dernière fois à la Préfecture, le 5 septembre, sous la présidence d'honneur de Mgr Dupanloup, et sous la présidence de fait de M. Duboys (d'Angers), premier président de la Cour impériale.

Le 15 août, le maire de Beaugency reçut du comte de Palikao, ministre de la guerre, l'ordre d'envoyer à Paris tous les hommes de la compagnie de sapeurs-pompiers âgés de moins de quarante ans; quatorze seulement répondirent à cet appel. Ils revinrent au bout de quelques jours, et les frais de cette expédition inutile coûtèrent à la ville 334 fr., que vota le Conseil municipal.

Ce fut après le désastre de Sédan, et la fatale capitula-

1.

tion imposée par l'Empereur, que le 3 septembre une insurrection éclatant dans Paris, envahit la Chambre des députés, en chassa tous les membres, et proclama la République. Un gouvernement provisoire s'établit à Paris et se composa lui-même, sous la présidence du général Trochu, des députés de la capitale appartenant à l'extrême gauche.

La République fut tacitement acceptée à Beaugency, et tous les bons citoyens, oubliant les nuances d'opinion qui les divisaient, sentirent la nécessité de se rallier, du moins pour l'instant, au gouvernement de fait que, selon ses habitudes, Paris imposait au reste de la France.

Le 5 septembre, dans la soirée, M. Dureau fut remplacé à la Préfecture par M. Pereira, qui pendant sa courte administration, en 1848, avait laissé les plus honorables souvenirs.

A la suite des événements de Paris, on avait aussitôt reconstitué la garde nationale de Beaugency en cinq compagnies, non compris celle des sapeurs-pompiers. Elle procéda, le 11 septembre, à l'élection de ses officiers, qui furent ainsi nommés au scrutin secret:

### PREMIÈRE COMPAGNIE.

*Capitaine,* M. Charles Turpetin; — *lieutenant,* M. Lorin de Chaffin fils; — *sous-lieutenant,* M. Pascal Corneau.

### DEUXIÈME COMPAGNIE.

*Capitaine,* M. Venot; — *lieutenant,* M. Lefort; — *sous-lieutenant,* M. Minet.

### TROISIÈME COMPAGNIE.

*Capitaine,* M. Leseurre; — *lieutenant,* M. Cosson; — *sous-lieutenant,* M. Coicaud.

### QUATRIÈME COMPAGNIE.

*Capitaine*, M. Latour; — *lieutenant*, M. Grillon-Rabier; — *sous-lieutenant*, M. Pagert.

### CINQUIÈME COMPAGNIE.

*Capitaine*, M. Auguste Iliss; — *lieutenant*, M. Pescheux; — *sous-lieutenant*, M. Séjourné.

La compagnie de sapeurs-pompiers resta composée de MM. Millière, *capitaine;* Mullot, *lieutenant;* Grillon, *sous-lieutenant*, tous trois nommés par décret impérial. Le docteur Saint-Edme Fougeu y était adjoint en qualité d'aide-major.

Huit jours après, les officiers, réunis aux délégués des compagnies, élirent pour chef de bataillon le capitaine Buron, directeur du dépôt de mendicité. Un ancien gendarme, M. Budon, fut nommé porte-drapeau.

Un poste de quinze hommes fut établi pour la nuit, au corps-de-garde de la mairie, avec ordre de faire de nombreuses patrouilles. Il importait avant tout de maintenir l'ordre public, qui pouvait être troublé d'un moment à l'autre, et diverses circonstances qui se produisirent dans la ville justifièrent l'utilité de cette mesure. Plus tard, quand on apprit l'approche de l'ennemi, le poste fut maintenu dans la journée.

Malgré les plus vives instances, le maire de Beaugency ne put obtenir qu'un petit nombre de fusils pour sa garde nationale, dépourvue d'ailleurs de munitions de guerre. Il en résulta qu'aux revues et aux manœuvres ordonnées sur le Petit-Mail, la plupart des hommes, non armés, non équipés, non exercés, ne présentaient, malgré leur bonne volonté, aucun élément sérieux de résistance. Il y avait loin de là au lansturm et à cette organisation militaire de la Prusse, qui méritent l'application de cette phrase de Montesquieu, parlant des Romains :

« Jamais nation ne prépara la guerre avec tant de pru-
« dence, et ne la fit avec autant d'audace (1). »

Malheureusement nous avions à Berlin un ambassadeur qui ne sut ou ne voulut pas renseigner son gouvernement à ce sujet, et à Paris un ministre de la guerre — ignorance ou trahison — osa affirmer aux Chambres que la France et l'armée étaient prêtes, alors qu'elles ne l'étaient pas !...

Maître de la Champagne, d'une partie de nos places fortes et de nos lignes de fer de l'Est, l'ennemi s'approchant en force de la capitale, M. Pereira, préfet du Loiret, engagea par une circulaire tous les habitants de la rive droite de la Loire à se réfugier sur la rive gauche avec leurs chevaux, leurs voitures, leurs bestiaux, leurs grains et leurs four-rages. A partir de ce moment, le pont de Beaugency fut traversé chaque jour par une multitude innombrable d'é-migrants qui se hâtaient de se transporter en Sologne avec leurs richesses mobilières.

De son côté, le général Peitavin, commandant le dépar-tement du Loiret, mis en état de siège, ordonna de miner les ponts d'Orléans, de Meung, de Beaugency, avec injonc-tion de les faire sauter au premier ordre qui en serait donné.

Aussitôt que fut connue cette mesure de l'autorité mili-taire, le mouvement des habitants de la rive droite sur la rive gauche de la Loire devint plus incessant que jamais. Tous les bois de la Sologne jusqu'au-delà de Dhuison se

(1) *Grandeur et décadence des Romains*, ch. 1er, p. 18.

remplirent d'une foule de familles, obligées pour la plupart de bivouaquer en plein air. Dans les premières semaines, la température était heureusement assez chaude pour rendre la situation moins pénible; mais quand elle vint à changer, les émigrants eurent bien des souffrances et des privations à endurer.

En présence du défaut de travail et de la misère publique qui allait en devenir la conséquence, le Conseil municipal de Beaugency, dans sa séance du 16 septembre, accepta l'offre qui lui fut faite de prêter à la ville 10,000 fr., afin de fournir à différents chefs d'usines les moyens de continuer leurs travaux et d'organiser des ateliers pour les ouvriers inoccupés. Sur cette somme, 7,000 fr. devaient être prêtés aux chefs d'usines, avec obligation d'en servir les intérêts à 5 p. %, et de rembourser le capital dans le délai d'un an; 3,000 étaient destinés à payer les ouvriers employés à des travaux d'utilité publique. Dans le projet de M. le maire, cet emprunt était contracté sous la garantie personnelle des vingt-trois membres composant le Conseil municipal, sauf à le régulariser ultérieurement par l'adjonction des plus haut imposés. La réalisation immédiate en fut malheureusement empêchée pour diverses causes.

Ce fut le 19 septembre que commença l'investissement de Paris, et que nous cessâmes d'avoir la moindre communication avec la capitale.

Dans la nuit du 20 au 21, des dépêches mal interprétées causèrent à Orléans une effroyable panique. Le général Peitavin donna l'exemple d'un déplorable sauve-qui-peut en fuyant vers Blois avec toutes ses troupes. A trois heures du matin les habitants de Beaugency furent réveillés par le bruit du tambour. Les soldats battaient en retraite; ils se répandirent dans la ville et prirent à sept heures le train du chemin de fer, qui amenait en outre une foule de familles orléanaises. L'ordre fut donné de faire sauter le pont de Beaugency. Le maire, qui avait fait quelques jours auparavant d'inu iles démarches pour obtenir sa conservation, prit sur lui de suspendre l'exécution de cet ordre, jusqu'à l'entier passage des nombreuses voitures qui se hâtaient de gagner la rive gauche. Enfin, à dix heures du matin, après avoir entendu sauter le pont de Meung, il laissa les ingénieurs accomplir l'œuvre de destruction à laquelle ils travaillaient depuis une semaine. On avait pratiqué un fourneau dans l'arche marinière, et les mesures avaient été si mal prises, que la mine qu'on fit jouer n'eut d'autre résultat que de briser quelques vitres de l'église et des maisons voisines. Un ouvrier de Beaugency, M. Gallard, dont le concours avait été déjà dédaigneusement refusé la veille, s'avisa tout simplement de scier les chaînes de fer de l'arche marinière, dont le plancher s'abîma dans la Loire avec un bruit sinistre.

Cette mesure fut d'autant plus blâmée par la population, qu'en amont et en aval du pont, la Loire était guéable dans plusieurs endroits, et offrait à la cavalerie ennemie un facile passage. On regretta alors qu'une résistance énergique comme celle qui, disait-on, s'était manifestée à Orléans, à l'occasion des ponts de cette ville, ne se fût pas opposée à la destruction du nôtre. Nous le pouvions d'autant mieux, qu'à ce moment il n'y avait à Beaugency aucune force armée pour assurer l'exécution de l'ordre du général. La suite des événements prouva, du reste, que si l'arche marinière n'avait pas été détruite dans la journée du 21, nous n'eussions pas évité ce malheur, soit dans celle du 22 octobre, soit quand, le 8 janvier 1871, les Prussiens mirent garnison à Beaugency pour intercepter toute communication entre les deux rives de la Loire.

Deux heures après la rupture de l'arche marinière, notre brigade de gendarmerie, obéissant aux ordres qu'elle reçut, traversa la Loire à gué pour gagner la rive gauche.

Pendant que des scènes navrantes se passaient aux abords du pont, de quatre heures à dix heures du matin, elles se répétaient à la gare du chemin de fer et sur la grande route d'Orléans à Blois. Des avalanches de colis encombraient le vestibule de la gare où le flux et le reflux des émigrants attendaient avec une fiévreuse impatience le train de deux heures, qui ne put en emmener qu'une partie; dans la soirée se forma un nouveau train dont profitèrent ceux qui n'avaient pu trouver place dans le premier. L'affluence fut telle à toutes les stations jusqu'à Tours, que plus de six cents personnes passèrent la nuit dans l'intérieur de la gare de cette ville, attendant les trains qui devaient les transporter plus loin.

Dès six heures du matin, et bien avant dans la soirée, commença sur la grande route d'Orléans à Blois un immense défilé de voitures de toute espèce, calèches, cabriolets, carrioles, charrettes, omnibus, contenant une foule affolée d'épouvante. La contagion de la peur gagna les habitants de Beaugency, et plusieurs familles se dispersèrent dans diverses directions. Pour cette fois, du moins, le maire, les adjoints, les membres du conseil municipal, les officiers de la garde nationale, restèrent tous à leur poste.

Le 22 septembre mourut à Beaugency, dans sa quatre-vingt-dixième année, l'honorable M. Fafet-Vernouillet,

ancien officier du train d'artillerie, chevalier de la Légion-
d'Honneur. M. Fafet était universellement aimé et respecté.
Tout le bien qu'il fit dans l'ombre pendant sa longue carrière, nous ne saurions le dire, tant sa modestie égalait
son inépuisable bienfaisance. Nous apprîmes plus tard que,
par un testament authentique, il avait légué 2,000 fr. à
l'hospice, 2,000 fr. au bureau de bienfaisance, 500 fr. à la
salle d'asile et 500 fr. à la société de secours mutuels *La
Prévoyance*, dont il était membre honoraire. Les honneurs militaires lui furent rendus le lendemain par la
compagnie des sapeurs-pompiers et un détachement de la
garde nationale, au milieu d'un concours d'habitants de
toutes les classes de la population. Sur sa tombe, M. Lorin
de Chaffin, exprimant un sentiment unanime, improvisa
quelques paroles pour rendre hommage aux longs services
de M. Fafet, comme militaire et citoyen ; à sa vie constamment honorable, à la loyauté de son caractère, il ajouta :
« ..... Du moins, une consolation lui fut réservée à son lit de
« mort, celle de ne pas voir le sol de son pays natal foulé
« par ces Prussiens qu'il combattit dans sa jeunesse..... »
Le même jour, le calme commença à se rétablir peu à
peu : le chemin de fer reprit son service ; les troupes revinrent de tous côtés, et la ville d'Orléans se transforma de
nouveau en place de guerre. La forêt d'Orléans, coupée par
de nombreuses tranchées, défendue par des abattis d'arbres, se garnit d'une force imposante pour empêcher l'approche de l'ennemi qui, soit par la route de Pithiviers, soit
par celle de Paris, semblait menacer Orléans. Les diverses
administrations qui avaient suivi le général Peitavin dans
sa fuite précipitée reparurent à Orléans : la recette générale
rouvrit ses bureaux, et le dimanche 25 septembre, la caisse

d'épargne de Beaugency put payer à ses déposants les cinquante francs par livret que la délégation du gouvernement établie à Tours depuis l'investissement de Paris avait autorisé à leur délivrer. Les demandes furent du reste peu nombreuses, et quelques déposants ne se présentèrent même pas pour les retirer.

Dans la même journée, on envoya à Beaugency des détachements de cuirassiers et de hussards, chargés de faire des reconnaissances au nord de la ville, pour s'assurer si l'ennemi, tournant Orléans, ne cherchait pas à nous arriver par les plaines de la Beauce; on croyait alors qu'il lui serait impossible de forcer les passages de la forêt.

Le dimanche 25 septembre devaient avoir lieu dans toute la France des élections municipales, suivies, le dimanche 2 octobre, d'élections générales, pour former une Assemblée constituante. Un comité institué à Orléans, sous la présidence de M. Cochery, ancien député du Loiret, avait arrêté la liste suivante des candidats qu'il se proposait de présenter aux suffrages des électeurs : MM. Ernest Picard, Cochery, Robert de Massy, Émile Péan, Verdier de Pennery, Gustave Baguenault de Puchesse et Crespin, maire d'Orléans. Dans une réunion subséquente, cette liste fut modifiée par la substitution du nom de M. Despond, conseiller général pour le canton de Gien, à celui de M. Ernest Picard, dont on regardait l'élection comme assurée à Paris.

A Beaugency, l'opinion presque unanime était de maintenir le Conseil municipal en fonction, à l'exception de trois ou quatre de ses membres, et on fit circuler dans ce sens des listes imprimées.

Une proclamation de la délégation du gouvernement, datée de Tours du 24 septembre, annonça qu'en raison de

la gravité des circonstances, les élections étaient ajournées
à des temps meilleurs. Cette mesure souleva dans les journaux français une ardente polémique. Les uns soutenaient
que des élections faites dans les départements envahis,
sous la pression de l'étranger, et dans le Midi sous l'in-
fluence des idées démagogiques qui dominaient dans plusieurs grandes villes, n'arriveraient pas à constituer une
Assemblée représentant le véritable esprit de la France. Les
autres, accusant le gouvernement de la défense nationale
de repousser les élections pour se cramponner au pouvoir,
insistaient pour que la nation fût consultée, afin de substituer un gouvernement régulier à celui né d'une émeute
populaire, et dont la Prusse ne voulait pas reconnaître l'origine. La suite des événements prouva que cette opinion
était la plus sage, puisqu'en triomphant elle eût facilité la
discussion des conditions d'un traité de paix.

La destruction du pont de Beaugency pouvant entraîner
la ruine de nos marchés, et par conséquent celle du pays,
le Conseil municipal s'en émut : il prévoyait que le pont de
Mer, étant encore resté debout, les produits agricoles ne
manqueraient pas de s'y porter, au détriment de notre
ville. Aussi, par délibération du 25 septembre, il demanda
à être autorisé à établir une passerelle, avec une seule voie
de voiture, sur l'emplacement de l'ancienne arche marinière. Une première évaluation, dont l'erreur fut plus tard
reconnue, portait à 5,000 fr. la dépense de cette passerelle.
Le Conseil municipal offrit d'en faire l'avance, avec garantie
par l'État ou le département du remboursement de cette
somme en capital et intérêts ; il alla même plus loin : apprenant qu'un devis dressé par les ingénieurs des ponts et
chaussées estimait à 25,000 fr. la substitution d'un pont en

pierre à l'arche marinière, il proposa d'en faire l'avance aux mêmes conditions. La délibération prise à ce sujet fut, dès le lendemain 26, portée à Orléans par le maire pour en obtenir l'homologation immédiate. On lui répondit que dans la crainte d'une invasion prochaine de la part de l'ennemi, ce n'était pas le moment de s'occuper du projet de rétablir la communication entre les deux rives de la Loire.

Le gouvernement avait ordonné la formation d'un corps détaché à prendre dans la garde nationale sédentaire, afin d'être mobilisé et réuni à l'armée active. Par délibération du 25 septembre, le Conseil municipal vota 5,000 fr. pour l'équipement de ce corps, dont les événements ultérieurs empêchèrent le départ.

Quelques individus de Beaugency avaient menacé de briser l'écusson aux armes impériales, qui forme l'une des clés de voûte de l'église. Par cette même délibération du 25 septembre, le Conseil, sur la proposition de l'un de ses membres, M. Auguste Hiss, protesta contre un pareil acte de vandalisme, les emblèmes des gouvernements précédents appartenant tous à l'histoire des temps passés. L'écusson fut respecté.

## II.

Dans la nuit du 25 au 26, un régiment de cuirassiers en observation à Mer et à Beaugency reçut l'ordre de se rendre à Orléans pour se réunir aux forces qui s'y trouvaient déjà, et formaient un corps d'environ 15,000 hommes. Un détachement de 150 hussards et dragons, appuyé par des compagnies de gardes mobiles du Loiret, s'avança vers l'ennemi, qu'il rencontra au hameau de la Croix-Briquet, près Chevilly. Un brillant engagement eut lieu de la part de nos cavaliers; mais bientôt accablés par le nombre, ils furent ramenés et obligés de se replier sur les mobiles, que leur commandant avait fait coucher par terre. Quand les Prussiens arrivèrent à portée, les mobiles se levèrent tout à coup, à un signal donné, et accueillirent par une fusillade bien nourrie l'ennemi, qui se retira en désordre, laissant sur le terrain des morts et des blessés.

L'espoir d'une heureuse défense renaissait donc dans tous les cœurs, quand le 27 septembre, à sept heures du matin, fut affichée dans Orléans la dépêche suivante :

« Après un engagement victorieux qui a eu lieu à la
« Croix-Briquet, près Chevilly, et où la garde mobile du
« Loiret s'est distinguée, les généraux, reconnaissant
« qu'un corps nombreux d'ennemis tournait la forêt pour

« arriver par la route de Patay, ont décidé qu'il était op-
« portun de se retirer.

« Il ne reste plus un seul soldat à Orléans.

« *Le Préfet du Loiret*, Alf. Pereira. »

Cette dernière phrase était au moins malheureuse, car
elle semblait annoncer à l'ennemi qu'Orléans avait volontairement éloigné tout moyen de résistance. Il est vrai de
dire que toute la responsabilité n'en saurait retomber sur
le préfet du Loiret, car soumis à l'autorité militaire en
raison de l'état de siége, il était obligé de tenir le langage
qui lui était prescrit. Les nouvelles données par les généraux étaient tellement alarmantes, que les habitants d'Orléans s'attendaient à chaque instant à voir les Prussiens
entrer dans leurs murs. Dans la matinée, M. le préfet envoya des citoyens dévoués à la découverte; ils rapportèrent
que, loin de songer à pénétrer dans Orléans, les Prussiens
s'étaient retirés vers Patay. Il dépêcha aussitôt des esta-
fettes aux généraux pour leur faire connaître le véritable
état des choses, et les engager à revenir avec leurs troupes.

Alors commença, dans la nuit du 26 au 27 septembre,
une épouvantable panique pire encore que celle du 21 septembre : les généraux commandant à Orléans se hâtèrent
de disperser leurs troupes dans toutes les directions. A
Beaugency nous arrivèrent, sur les onze heures du matin,
un régiment de dragons fort de 600 chevaux, et près de
1,200 gardes mobiles, qui marquèrent leur passage par
des actes de désordre. De six à sept heures du soir, d'autres mobiles, envoyés par la rive gauche à La Ferté, se replièrent sur Beaugency, et dans l'impuissance de les loger

tous, ils erraient sur nos places et dans nos rues. Les dragons avaient établi leur campement dans les champs qui s'étendent entre le Grand-Mail et la rue Marcilly; les mobiles avaient le leur sur le Petit-Mail, trop étroit pour les contenir tous; aussi un grand nombre frappaient violemment aux portes des maisons, réclamant une hospitalité qu'on s'empressait de leur offrir, et que tous ne méritaient pas.

Dans la soirée arriva à Beaugency le général de Longuerue, qui descendit chez le maire, et s'efforça de rétablir l'ordre parmi les soldats débandés. Le lendemain, il se mit à la tête des dragons, qu'il ramena vers Orléans, donnant aux mobiles, dont quelques-uns refusèrent d'obéir, l'ordre de suivre la même direction. Un bataillon de mobiles, venu de La Ferté-Saint-Aubin dans la soirée du 29 au 30, passa la nuit à Beaugency, et en repartit le lendemain à trois heures du matin. Les mobiles de la Nièvre, qui avaient gagné Blois par la rive gauche, retournèrent à Orléans par un train de chemin de fer; 1,500 cuirassiers ne firent que traverser Beaugency pour se rendre à Orléans; et sur les midi nous arriva un régiment de la même arme, qui repartit le lendemain à six heures du matin. Des troupes en infanterie, cavalerie, artillerie et mobiles, regagnèrent de nouveau Orléans, qui reprit une attitude sérieuse de résistance.

Les journaux d'Orléans, le *Loiret* et l'*Impartial*, signalèrent avec énergie la conduite des généraux français qui, s'étant laissé tromper pour la seconde fois par de faux renseignements, avaient jeté l'alarme dans la population. Il était, en effet, assez difficile de comprendre l'abandon d'Orléans dans la nuit du 26 au 27, et, pour ceux qui ne connaissaient pas les mesures prises par M. le préfet, la rentrée subite des troupes dès le lendemain. L'opinion publique s'en émut au point qu'une députation d'Orléanais, conduite par M. Cochery, se rendit auprès du gouvernement de Tours pour provoquer à ce sujet une enquête qui fut promise, mais dont on n'entendit jamais parler depuis. Une fâcheuse correspondance, publiée dans les journaux, eut lieu à cette occasion entre le baron de Polhès, commandant la division, et le préfet du Loiret.

Le chemin de fer n'interrompit son service que trente-six heures, et, dans la matinée du 20, nous pûmes recevoir à Beaugency les lettres et les journaux d'Orléans.

Le samedi 1er octobre, à dix heures du matin, le bruit se répandit tout à coup dans Beaugency que des cavaliers prussiens venaient de scier un des poteaux du télégraphe entre Foisnard et Meung. Ce bruit ayant été confirmé par des témoins oculaires, la générale fut immédiatement battue, et des détachements de la garde nationale partirent dans diverses directions pour explorer la campagne. On apprit qu'après avoir scié le poteau et coupé les fils du télégraphe, les Prussiens étaient remontés à cheval, laissant sur le terrain une scie et une hache. Dans la journée circulèrent les nouvelles les plus alarmantes et les plus contradictoires : on prétendait avoir vu les Prussiens sur différents points au nord de la ville ; aussi, dans la soirée se manifesta une vive agitation ; on battit de nouveau le rappel ; la garde nationale se rassembla en grand nombre, et des détachements, appuyés par quarante francs-tireurs du Gers, arrivés dans la journée, se portèrent vers les endroits qu'on disait menacés ; ils rentrèrent à six heures du matin, sans avoir rencontré un seul ennemi.

Le 9 octobre, le maire de Beaugency obtint du général Faye, commandant la subdivision du Loiret, l'autorisation de donner suite au projet de la construction d'une passerelle sur la Loire, mais aux frais, risques et périls de la ville, et sous la condition de la faire disparaître au premier ordre.

Le 10 octobre, le canon se fit entendre à Beaugency dans la direction du nord-est. Les coups se succédaient avec une telle rapidité, qu'ils annonçaient un sérieux engagement. Nous apprîmes qu'en effet, les Prussiens étaient revenus en grand nombre, et qu'on se battait aux environs d'Artenay et d'Ormes. Là, comme toujours, nous n'étions pas en force ; nos soldats se replièrent sur la forêt de Cercottes, protégés dans leur retraite par un bataillon de chasseurs qui fut cruellement décimé. On assurait pourtant que les Français avaient conservé leurs positions aux abords de la forêt, où l'ennemi n'avait pas osé les forcer. Tels furent du moins les termes de la dépêche adressée au ministre de la guerre par le commandant du 15e corps, et que publièrent les journaux du lendemain. Le général annonçait de la manière la plus positive qu'il garderait ses positions *à tout prix!*..... On verra plus loin s'il tint parole.

Le même jour, à sept heures et demie, le maire réunit le conseil municipal. Après avoir donné son approbation aux différents legs que nous devions à la bienfaisance de M. Fafet, il prit, au sujet de la nouvelle passerelle du pont, la délibération suivante :

« Le Conseil,

« Considérant que l'obligation de rétablir la communi-
« cation entre la rive droite et la rive gauche de la Loire
« incombe au département du Loiret, puisque le pont est

« traversé par la route départementale n° 9, et qu'il sert
« en outre de débouché à la route départementale n° 10;

« Considérant que, dans les circonstances présentes, il
« est impossible de réunir le Conseil général du Loiret
« pour en obtenir une décision conforme à cette obligation,

« Délibère :

« La ville de Beaugency s'engage à faire établir une
« passerelle sur l'emplacement de l'ancienne arche mari-
« nière, avec une seule voie de voiture et deux trottoirs
« pour les piétons, sous la réserve de tous ses droits pour
« réclamer, soit du département, soit de l'État, le rem-
« boursement, s'il y a lieu, des frais de cette passerelle.

« Pour en couvrir la dépense, il sera établi sur la pas-
« serelle un droit de péage dont le Conseil se réserve de
« fixer ultérieurement le tarif et les conditions.

« Un comité de cinq membres, formé dans le Conseil
« municipal et présidé par le maire, demeure chargé de
« conclure, au nom de la ville, tous marchés ou traités,
« soit de gré à gré, soit par adjudication au rabais, pour la
« prompte exécution de la passerelle, ainsi que de préparer
« un projet pour l'organisation et la surveillance du droit
« de péage. »

A la suite de cette délibération, furent nommés, au
scrutin secret, membres de la commission : MM. Lorin de
Chaffin, Denizet, Pandellé, Drion et Cahu.

M. le Préfet du Loiret avait engagé le maire de Beaugency à imiter l'exemple de la ville d'Orléans, en émet-
tant des bons de circulation au porteur, pour remplacer
provisoirement la monnaie divisionnaire d'or et d'argent,
qui tendait à disparaître chaque jour.

Une proposition dans ce sens avait déjà été faite au Conseil municipal par M. Cahu, un de ses membres ; il la renouvela, et le Conseil prit immédiatement une délibération conforme à celle du Conseil municipal d'Orléans, avec quelques modifications, dont la plus importante était la réduction à 30,000 fr. des bons de circulation.

L'exécution de cette mesure fut ajournée, le besoin urgent ne s'en étant pas encore fait sentir dans la ville.

Un décret du gouvernement de la défense nationale ayant supprimé les commissaires de police cantonaux, M. le préfet du Loiret fit signifier à M. Robé, commissaire cantonal de Beaugency, d'avoir à cesser immédiatement ses fonctions, à moins que le Conseil municipal ne consentît à le conserver en qualité de commissaire communal, en lui assurant un traitement de 1,400 fr.

Dans une demande qu'il adressa au maire et au Conseil municipal, M. Robé offrit de se contenter du traitement de 1,000 fr. qui lui était alloué par la ville sur les budgets de 1870 et de 1871, si le Conseil voulait bien le maintenir dans les fonctions de commissaire communal.

M. le maire fit valoir les services que pouvait être appelé à rendre M. Robé dans les circonstances difficiles où nous nous trouvions, et, sur la proposition de M. Drion, nomma M. Robé commissaire communal, avec un traitement de 1,000 fr., mais seulement jusqu'au 31 mars 1871, se réservant de statuer définitivement, à cette époque, sur le parti à prendre à son égard.

Par arrêté en date du 24 novembre, M. le préfet du Loiret ratifia la décision du Conseil en nommant M. Robé commissaire communal de la ville de Beaugency.

Un de nos concitoyens, M. Godin, notaire, avait obtenu

de M. Cochery, chargé par la délégation de gouvernement d'organiser la défense nationale dans le département du Loiret, une commission de capitaine de francs-tireurs, et recruté sa compagnie dans les rangs de la garde nationale, sans que l'administration municipale en fût même informée. Tout en rendant justice au zèle de citoyens qui se dévouaient au service de la patrie, M. le maire protesta énergiquement contre la création d'un corps formé en dehors de l'autorité locale, indépendant d'elle, et signala les graves inconvénients qui en pourraient résulter.

Le Conseil déclara s'associer à cette protestation.

## III.

Le 11 octobre, à onze heures du matin, M. le maire fut prévenu, par dépêche télégraphique, qu'un parti de cavaliers prussiens était en vue de la ville de Meung. A midi, il réunit le Conseil municipal, qui décida à l'unanimité qu'on opposerait à l'ennemi une résistance énergique. Le rappel de la garde nationale fut immédiatement battu. Une ecompagnie de gardes mobiles, en garnison à Beaugency depuis plusieurs jours, reçut des cartouches, et partit en avant pour occuper les vignes entre Foisnard et Meung. Elle .t bientôt suivie d'un détachement de cent cinquante gardes nationaux, ayant à leur tête M. Huguier, premier adjoint, et deux conseillers municipaux, MM. Pandellé et Cahu. Quelques-uns n'avaient que de mauvais fusils de chasse, et on leur distribua le peu de munitions que nous possédions. Ce petit corps d'armée battit la campagne, s'avança jusqu'à Meung, où les Prussiens n'avaient pas encore paru, et rentra sur les six heures du soir à Beaugency, ramenant un cavalier prussien fait prisonnier à Huisseau, et que le maire de cette commune avait envoyé au maire de Meung. On le conduisit à la prison au milieu d'une foule d'habitants qui se pressaient pour le voir.

Le même jour nous partions pour Orléans par le train de neuf heures. Le soir, nous revînmes tristement par la rive gauche en voiture particulière, porteur de sinistres nouvelles.

A notre arrivée, le matin, Orléans paraissait dans la sécurité la plus complète : la gare était littéralement encombrée de troupes, de matériel de guerre et de munitions. A onze heures, nous étions à la Préfecture, réclamant en faveur de l'armement de notre garde nationale. M. Cochery nous faisait délivrer cinquante fusils, et nous affirmait qu'Orléans, à l'abri d'un coup de main, ne devait rien craindre. Une heure après, la physionomie avait changé tout à coup, et M. Cochery nous tenait un autre langage. Nous le consultâmes sur le parti que nous aurions à prendre de retour à Beaugency, et l'honorable député nous laissa peu d'espoir sur le succès probable d'une résistance quelconque. A notre sortie de la Préfecture, nous fûmes témoins d'un déplorable spectacle : la cavalerie se retirait en assez bon ordre, mais l'infanterie fuyait à la débandade. Les nombreux canons que contenait la gare, encore chargés sur leurs trucs, prirent le chemin de fer du Centre. Le général de Lamotterouge, à la tête de quelques troupes dévouées, combattait encore dans le faubourg Bannier pour protéger la retraite. Enfin, tout faisait prévoir qu'avant la fin de la journée Orléans serait occupé par une armée ennemie dont on portait la force à 100,000 hommes. La veille au soir, du reste, un commencement de démoralisation s'était manifesté dans les rangs de nos soldats et de nos gardes mobiles ; plusieurs avaient déchargé leurs armes sur le Mail, sur le Martroi, dans les rues, et jeté dans la ville une telle épouvante, que la garde nationale elle-même avait refusé de concourir à la défense d'Orléans.

Quand le maire de Beaugency fut informé de ces nouvelles, il convoqua le Conseil municipal, qui se réunit à huit heures du soir, et lui exposa la situation dans laquelle les événements qui venaient de se passer à Orléans mettaient la ville de Beaugency. A la même unanimité que le matin, et sur la proposition de l'un de ses membres, M. Drion, le Conseil municipal, apprenant qu'Orléans s'était rendu malgré les forces imposantes qui défendaient la ville, reconnut, quoique à regret, que toute résistance devenait impossible à Beaugency, et qu'il lui fallait céder à la triste nécessité de courber la tête sous la loi du plus fort. La garde nationale n'était armée qu'en partie : elle manquait de munitions de guerre, et ne pouvait déployer qu'un courage inutile en présence du nombre et de la formidable artillerie de l'ennemi. Un membre du Conseil proposa de faire connaître aux habitants de Beaugency que tout acte isolé de défense serait une imprudence dont la responsabilité retomberait sur son auteur. Le maire répondit avec raison qu'il ne consentirait jamais à signer une proclamation de cette nature, qui ne manquerait pas de lui être reprochée plus tard comme une impardonnable faiblesse. On agita alors la question de savoir si on ne devait pas réunir toutes les armes de la garde nationale pour les mettre en sûreté de l'autre côté de la Loire ; la majorité du Conseil, pensant que cette mesure pourrait être l'objet d'un déplorable conflit, puisque plusieurs citoyens viendraient s'opposer à son exécution, jugea qu'il était plus prudent de n'y pas donner suite et d'attendre les événements.

En outre de la compagnie de mobiles qui le matin avait accompagné la garde nationale dans son excursion au dehors, étaient arrivées, dans cet intervalle, deux autres compagnies de la même arme, ce qui en portait le nombre à environ cinq cents. A onze heures du soir, le maire réunit à l'Hôtel-de-Ville les officiers de ces compagnies, et il fut décidé qu'elles se retireraient de l'autre côté de la Loire. En effet, de onze heures à une heure du matin, elles se rendirent, les unes à Lailly, les autres à Saint-Laurent-des-Eaux, emmenant avec elles le Prussien fait prisonnier à Huisseau.

Le poste de la mairie fut relevé, comme ne pouvant que compromettre inutilement la sûreté des hommes qui le composaient.

Le mercredi 12, une locomotive venue de Blois vint enlever à Beaugency l'appareil du télégraphe, les registres de la compagnie et tout le matériel de la gare, qui fut aussitôt fermée. A partir de cet instant, les communications se trouvèrent interrompues entre Orléans et-Blois, et nous passâmes la journée dans une anxiété profonde.

Le même jour, nous apprîmes que Meung était occupé par les Prussiens. Notre tour ne pouvait manquer d'arriver, et le jeudi 13 octobre, jour de sinistre mémoire, l'avant-garde ennemie fit son entrée à Beaugency, à onze heures du matin. L'officier qui la commandait demanda le maire et lui intima l'ordre de le suivre, pour reconnaître avec lui les dehors de la ville. Quand arriva le gros du détachement, M. Delahaye reçut l'injonction d'aller à sa rencontre au haut de Saint-Nicolas. Il s'y rendit accompagné de ses adjoints, et de MM. Pandellé et Cahu, conseillers municipaux. Plusieurs habitants de Beaugency s'étaient rassemblés autour de lui. D'une voix qui trahissait une émotion bien naturelle, le maire déclara loyalement au commandant que la veille les habitants de Beaugency étaient fermement disposés à se défendre, mais qu'en présence de ce qui venait de se passer à Orléans, et surtout de l'attitude prise par la garde nationale de cette ville, le Conseil municipal avait abandonné toute idée d'une résistance qui ne pouvait qu'attirer sur la ville les plus grands malheurs, sans profit pour la cause commune ; que le recevant donc en ennemi, il ne devait attendre de lui aucune lâche complaisance, et qu'en obéissant à ses ordres, il entendait ne céder qu'à la force, le cœur navré de la malheureuse situation de son pays. Il demanda en échange que les Prussiens s'abstinssent de tout acte de violence et d'exaction, et que les réquisitions de toute nature qu'ils auraient à faire passassent par l'intermédiaire de la mairie.

Le langage tenu par M. Delahaye dans cette grave circonstance fut digne, énergique, et conforme à la situation. Tous ceux qui furent à même de l'entendre lui rendirent ce témoignage, et à la séance du Conseil municipal qui se tint le même jour, à deux heures après midi, il reçut les félicitations de tous les membres sur la manière dont il avait maintenu l'honneur et en même temps la sécurité de la ville.

On verra plus loin comment ce langage fut dénaturé par la malveillance, et de quelles calomnies M. Delahaye et les habitants de Beaugency furent l'objet de la part de villes voisines qui, moins de trois mois après, se rendirent à l'ennemi encore plus facilement que nous.

Le commandant prussien avait exigé la remise immédiate de toutes les armes qui se trouvaient à Beaugency. Sur les vives instances de M. Delahaye, il consentit à laisser aux sapeurs-pompiers les armes qui leur étaient nécessaires pour veiller à la sûreté de la ville, et aux particuliers les fusils de chasse qu'ils possédaient.

En livrant les armes de la garde nationale, dont il avait

eu soin de faire passer le matin une bonne partie de l'autre
côté de la Loire, M. Delahaye insista pour qu'on épargnât
à ses concitoyens la honte et la douleur de les voir brûler
à leurs yeux sur la place publique. Le commandant le promit et fit même mieux, car il quitta Beaugency sans emporter les armes mises à sa disposition ; elles furent brisées
plus tard sur les trottoirs de la rue Impériale.

Le détachement ennemi campa au haut de Saint-Nicolas,
en faisant garder par des postes avancés la route de Blois
et le chemin de fer, dont le commandant fit détruire les
rails jusqu'à cinq cents mètres de la gare. Il exigea et on
lui fournit des rations de pain, de viande, d'avoine et de
fourrages.

Un officier se présenta au bureau de poste, se fit repré-
senter toutes les lettres qui s'y trouvaient déposées, confis-
qua celles adressées aux soldats, en ouvrit quelques-unes
en mettant au dos, en allemand : *Ouvertes par l'autorité
prussienne*, et respecta le surplus.

Le receveur de la poste n'eut, du reste, qu'à se louer de
la convenance avec laquelle l'officier ennemi s'acquitta de sa
mission ; on ne toucha ni à ses registres, ni à sa caisse, qui
ne contenait d'ailleurs qu'une somme très-minime.

Entre quatre et cinq heures du soir, un fort coup de sifflet se fit entendre : les Prussiens partirent précipitamment
dans la direction de Meung, en annonçant leur projet de
revenir le lendemain.

Pendant leur séjour, une vive fermentation régna dans
Beaugency : des groupes nombreux se formaient de temps
en temps devant l'Hôtel-de-Ville, et de sourdes menaces
étaient proférées contre le maire et le conseil municipal,
qu'on accusait de s'être trop facilement rendus. La partie

raisonnable de la population applaudissait au contraire à la conduite sage, prudente et ferme du maire ; il était à craindre qu'à la faveur des ombres de la nuit, quelques têtes exaltées ne profitassent de l'obscurité et des arbres du champ de foire, pour tirer sur le camp prussien. Sa levée à la chute du jour nous délivra de cette inquiétude.

Une particularité signalée déjà dans les journaux et qui se produisit à Beaugency, c'est que le détachement ennemi comptait dans ses rangs plusieurs soldats connaissant parfaitement la ville pour y avoir travaillé dans plusieurs professions. Quelques-uns de nos concitoyens se trouvèrent fort étonnés de se voir interpellés par leur nom, et reconnurent, à leur grande surprise, leurs anciens ouvriers. Il paraît constant que partout où ils se présentaient pour la première fois, les officiers prussiens avaient soin de s'adjoindre des hommes ayant déjà habité le pays qu'ils parcouraient et parfaitement au courant de chaque localité. On se rappela à ce propos qu'il y avait en France, avant la guerre, un nombre considérable d'Allemands employés comme ouvriers, et quand le gouvernement de la défense nationale les expulsa, la Prusse les recueillit dans son armée.

## IV.

Le 14 octobre, les Prussiens ne tinrent que trop bien la promesse qu'ils nous avaient faite la veille : ils revinrent à Beaugency au nombre d'environ deux cents hommes, mais sans entrer dans les maisons. Les réquisitions de vivres se renouvelèrent avec assez de modération ; les officiers demandèrent du café pour leur déjeûner, et sur l'engagement de M. le maire de Beaugency d'aller le prendre au brillant café de la place du Martroi, ils répondirent qu'en temps de guerre ils ne quittaient jamais leur camp. Aucune exaction, du reste, ne fut commise. Un soldat qui avait volé un paquet de tabac dans le bureau de Vernon fut, sur la plainte de M. Iliss, conseiller municipal, puni par ses chefs qui remboursèrent le prix du tabac. Les officiers, qui avaient payé la veille le bordeaux et le champagne qu'on leur avait servi, offrirent d'en faire autant pour le café. Ils signèrent des bons pour toutes les demandes de réquisitions, et quand M. Delahaye s'informa comment la ville en serait indemnisée, ils répondirent qu'elle pourrait s'adresser au gouvernement français ou au gouvernement prussien ; mais ils mirent dans la dernière partie de cette réponse un ton d'ironie qui prouvait la vérité de notre vieux proverbe, qu'en travaillant pour le roi de Prusse, on travaille pour rien.

Dans l'après-midi, trois officiers supérieurs arrivèrent au camp prussien ; ils prononcèrent quelques mots en allemand, et aussitôt s'éleva parmi les soldats un immense hourrah de joie. Sur l'explication qui lui en fut demandée, un des officiers répondit que Paris avait capitulé et que la nouvelle en était officielle; un autre fut moins affirmatif en la donnant comme un bruit qui circulait dans Orléans. Ils avaient un double motif pour répandre ce bruit : leurrer leurs soldats fatigués de la guerre, par l'espoir que la reddition de Paris y mettrait fin, et paralyser par le même motif la résistance de la population. De son côté, le gouvernement de la défense nationale employait, dans un sens opposé, une tactique semblable; il nous berçait chaque jour, par ses journaux, de bulletins mensongers de succès, qui, démentis le lendemain, ne servaient qu'à nous décourager de plus en plus.

A quatre heures du soir, les Prussiens levèrent leur camp et se replièrent sur Meung.

Dans cette même journée, le val fut inondé de cavaliers ennemis qui entrèrent dans quelques fermes, se bornant à demander des provisions de peu d'importance. Deux escadrons de hussards et un régiment de ligne occupèrent la commune de Lailly, exigeant des réquisitions d'avoine, de vin, de pain, de voitures, et forçant les habitants à remettre toutes les armes en leur possession.

Pendant le séjour des Prussiens autour de nous, on remarqua avec quelle attention ils se gardaient : des vedettes étaient établies sur tous les points culminants qui nous environnent; de fortes reconnaissances étaient poussées à chaque instant dans diverses directions. Leurs officiers dirent au maire de Beaugency que si les Français avaient toujours pris les mêmes précautions, ils n'auraient pas été exposés à être aussi souvent battus; ils lui citèrent l'exemple du général de Failly, dont ils avaient surpris deux fois les soldats occupés à manger tranquillement la soupe, sans grand'garde ni poste avancé pour être prévenu à temps.

Un malheureux événement eut lieu à Meung, dans la soirée. L'ordre avait été donné par le commandant prussien de ne plus circuler dans les rues passé neuf heures du soir : le secrétaire de la mairie de Meung, M. Besnard, chargé par le maire d'aller prévenir les boulangers qu'il était inutile de préparer des rations de pain pour le lendemain, eut l'imprudence de sortir de chez lui après neuf heures, sans se faire accompagner par un soldat prussien ; la première sentinelle qu'il rencontra lui cria trois fois : *Qui vive?* en allemand. Soit qu'il n'entendît ou ne comprît pas, il continua à s'avancer, et à la troisième sommation fut tué roide d'un coup de fusil.

Ce fut le même jour, 14 octobre, qu'une colonne prussienne fit son entrée à Tavers, dont un grand nombre d'habitants s'enfuirent avec leurs femmes et leurs enfants.

Le samedi 15, les Prussiens ne firent que se montrer au nord de Beaugency. Quelques éclaireurs parurent un instant au haut de Saint-Nicolas, mais n'entrèrent pas dans la ville.

A trois heures du soir, arriva à Beaugency une locomotive montée par trois individus décorés du brassard international. Après une station dans plusieurs cafés, où ils tinrent de mauvais propos, ils se rendirent à l'Hôtel-de-Ville, demandant le maire, qui était absent. S'adressant alors aux deux adjoints et au commandant de la garde nationale qui se trouvaient là, ils traitèrent les habitants de Beaugency de lâches, qui s'étaient rendus aux Prussiens pour empêcher leur ville d'être incendiée, ce qui ne les

3

sauverait pas de ce malheur, car ils menacèrent de revenir en force pour l'incendier eux-mêmes. Ils ajoutaient que le maire serait destitué le lendemain, fusillé ou pendu par l'autorité française, et quelques instants auparavant, ils avaient montré au café Bidault le clou auquel ils se proposaient d'attacher le maire quand il serait de retour, et de le pendre de leur propre main. Ils s'exprimèrent avec une insolence qui faisait bouillir le sang dans les veines de ceux qui les écoutaient, et aurait mérité d'être énergiquement relevée. Remontés sur leur locomotive, ils essayèrent de se diriger sur Orléans, quand à la hauteur de Messas des Prussiens, placés en embuscade, tirèrent sur le train. Ils retournèrent immédiatement à toute vapeur. Dans le temps d'arrêt qu'ils firent à la gare de Beaugency, un de nos concitoyens, M. Pandellé père, conseiller municipal, saisit l'occasion de leur rétorquer l'épithète de lâches, qui se couvraient du brassard international, et fuyaient à leur tour devant quelques coups de fusil.

Ce fut à partir de ce moment que l'opinion du dehors, égarée par des récits mensongers, frappa Beaugency d'une injuste réprobation qui eut son retentissement dans toute la France. On prêta à M. Delahaye des paroles qu'il n'avait pas prononcées, une conduite qu'il était loin d'avoir tenue. On l'accusa d'avoir imploré humblement la protection des Prussiens, ce que nous savions tous n'être pas vrai. Un journal français, la *Liberté,* dans un article ignoble de style et de mauvais goût, alla jusqu'à dire que le maire de Beaugency avait mérité dix fois d'être fusillé. Tandis qu'on ne parlait pas d'Orléans, où les troupes françaises avaient battu en retraite à trois reprises, les 21, 27 septembre et 11 octobre, où la garde nationale, forte de 7,000 à 8,000 hom-

mes, n'avait pas voulu marcher, on s'acharnait contre Beaugency, on accusait de lâcheté une ville ouverte, dont les
habitants avaient donné deux fois, les 1er et 11 octobre,
des preuves de leur bonne volonté, mais qui, réduits à
eux-mêmes, sans armes, sans munitions, sans troupes
pour les appuyer, ne pouvaient faire, en présence de forces
supérieures, qu'une résistance inutile. On a prétendu, il
est vrai, qu'il y avait alors à Beaugency 500 hommes de
gardes mobiles; que le maire de Beaugency avait gardé
dans sa poche l'ordre transmis par le général commandant
à Blois de les employer à la défense de la ville, et que loin
d'obéir, il avait cherché à les éloigner. Quand bien même
cet ordre serait parvenu à temps, est-il supposable qu'en
apprenant la retraite des 30,000 ou 40,000 soldats qui
gardaient Orléans, 500 gardes mobiles eussent osé rester à
Beaugency pour tenir tête à l'ennemi? En réunissant leurs
officiers dans la soirée du 11 octobre, M. Delahaye s'était
borné à leur faire connaître la situation; ils n'hésitèrent
pas à prendre le parti le plus prudent, celui de se mettre
en sûreté sur la rive gauche de la Loire.

Loin du théâtre des événements, et sans renseignements
certains pour apprécier le véritable état des choses, il était
indigne à un écrivain de jeter ainsi l'outrage à la face d'un
fonctionnaire public et d'une population tout entière.

Le même journal, la *Liberté*, conseillait au gouvernement de Tours, dans un article du 17 octobre, d'ordonner
que toutes les villes qui se rendraient volontairement
fussent incendiées, et que les habitants qui se refuseraient
à prendre les armes fussent fusillés comme déserteurs. Ce
conseil, aussi odieux dans la forme que dans le fond, était
inspiré par un aveugle fanatisme. Obliger les villes à s'ex-

poser à une destruction certaine, les habitants à une mort inévitable, soit de la part de l'ennemi, soit de la part des Français eux-mêmes, eût été la plus atroce des mesures. C'était au gouvernement qu'incombait l'obligation de défendre le pays, et il en serait venu à bout, si dès le principe, après la capitulation de Sedan, il eût organisé d'un bout à l'autre du territoire une levée en masse, qui, lançant sur les Prussiens une armée de plusieurs millions d'hommes, les eût écrasés ou forcés de repasser la frontière. Au lieu de cela, on se bornait à préparer par départements et par communes des résistances locales, qui ne servaient qu'à nous faire battre en détail. Devant les obus, les boulets, les mitrailleuses, les bombardements de l'ennemi, le courage personnel devenait inutile, car on était vaincu avant même de pouvoir combattre. Sans ordre, sans unité, sans chef militaire pour la diriger, la France se sentait perdue !...

A toutes les époques de la vie des peuples, leur histoire offre de singuliers points de rapprochement. On peut s'en convaincre en lisant celle *De la grandeur et de la décadence des Romains*, par Montesquieu. On y verra qu'au troisième siècle de notre ère, les Romains, parvenus au dernier degré de la civilisation, énervés par les jouissances du luxe, n'ayant que des généraux gorgés d'or et d'honneurs, des soldats indisciplinés pour la plupart, ne purent résister à l'invasion des barbares du Nord, et que leur grandeur, plus factice que réelle, croula tout à coup.

Dans son *Histoire de la vie de Charles V*, Robertson rapporte qu'après la bataille de Pavie, la France semblait être dans un état désespéré : son roi était prisonnier, son armée presque anéantie, et un ennemi victorieux l'en-

vahissant de toutes parts, la menaçait d'une destruction
complète. Dans ce terrible danger, Louise de Savoie, régente du royaume, ne perdit pas la tête. Elle rassembla les
débris de l'armée vaincue, en forma une nouvelle, la mit à
même de rentrer en campagne et de prendre l'offensive.
De son côté, Henri VIII, roi d'Angleterre, voyant l'équi-
libre européen compromis par l'ambitieux empereur d'Allemagne, qui voulait s'agrandir aux dépens de la France,
écrivit à la régente de ne consentir à aucun démembre-
ment de territoire, et lui promit de venir à son secours (1).

La bataille de Pavie, c'est la capitulation de Sedan ; le
roi prisonnier, c'est Napoléon III rendant son épée, mais
ne pouvant dire comme François Ier : « Tout est perdu, fors
« l'honneur ; » Louise de Savoie, le gouvernement de la
défense nationale, qui malheureusement ne rencontra pas
chez les ministres de la reine d'Angleterre la sage politique
de Henri VIII.

Pour compléter ces rapprochements, nous extrayons des
histoires de M. Thiers sur la République, le Consulat et
l'Empire, les phrases suivantes, dont la première se rapporte à la fin du Directoire, et les deux autres à la campagne de 1814 :

« Au milieu de cette grande dissolution, les regards er-
« raient sur les hommes illustrés pendant la Révolution, et
« semblaient chercher un chef. « Il ne faut plus de ba-
« vards, disait Syeyès, il faut une tête et une épée (2). »

La France ne manquait pas de bavards en 1870. Ce qu'il
lui fallait principalement, c'était une épée, et après en

---

(1) *The history of the emperor Charles V*, t. II, p. 326 à 328.
(2) *Histoire de la Révolution*, t. X, p. 390.

avoir essayé de plusieurs, elle n'en put rencontrer une seule en état de la sauver.

« Désenchantée du génie de Napoléon, épouvantée de
« l'immensité des forces ennemies qui s'approchaient, mo-
« ralement brisée, en un mot, au moment où elle aurait eu
« besoin, pour se sauver, de l'enthousiasme qui l'avait
« animée en 1792, la France se sentait perdue.

« Jamais plus grand abattement ne s'était rencontré en
« face d'un plus affreux péril (1). »

Cette situation était, à la fin de 1870, celle de tous nos départements envahis.

Je reprends la suite des événements dont je me suis laissé écarter par cette digression.

Les trois individus arrivés à Beaugency dans la journée du 15 octobre avaient rapporté la nouvelle que de sérieux engagements avaient eu lieu autour de la capitale, sur des points différents, et que nos troupes avaient obtenu de brillants succès sur les Prussiens. Une dépêche de M. Gambetta, datée de Tours et affichée dans la soirée à Beaugency, vint confirmer cette nouvelle. Beaucoup de personnes crurent avec raison que cette dépêche et ces succès n'étaient autre chose qu'un coup de fouet donné à la province pour stimuler sa résistance, et qu'il ne fallait pas y ajouter foi.

M. Delahaye, qui avait eu l'imprudence de partir pour Orléans sur les midi, et le bonheur d'en revenir sans encombre, arriva à Beaugency dans la soirée. Il nous rapporta qu'Orléans, occupé depuis le mardi 12 octobre, était traité en ville conquise, taxé à un million de contribution

(1) *Histoire du Consulat et de l'Empire*, t. XVII, p. 21.

de guerre et à 500,000 fr. de réquisitions de toute nature. Les efforts de l'administration municipale, secondés par les démarches de son illustre évêque auprès du général en chef, avaient obtenu de réduire la contribution de guerre à 900,000 fr., qui furent réunis avec peine et payés le vendredi 14 octobre. Plusieurs maisons atteintes par les obus, aux Aydes et dans le faubourg Bannier, avaient été incendiées et pillées. Les soldats étaient logés chez les habitants par escouade de dix à soixante hommes; ils enfonçaient les devantures et les portes des magasins et des maisons fermés, s'y établissaient en maîtres et en pillaient un certain nombre; du reste, on ne signalait aucun acte de violence; quant aux réquisitions, le nombre et l'importance en augmentaient à chaque instant.

## V.

Le dimanche 16 octobre, sur les neuf heures du matin, arriva à Beaugency un détachement de trois cents hommes, commandé par un major du génie et suivi d'un caisson d'artillerie. Les soldats se répandirent par la ville, achetant et payant ce qui était nécessaire pour leur nourriture, puis se rendirent à la gare, pratiquèrent un fourneau de mine dans une des arches du viaduc, et la firent sauter. Le maire de Beaugency protesta de vive voix et par écrit contre cette œuvre de destruction, et il le fit en termes assez énergiques pour indisposer le major prussien, qui, tirant sa montre, accorda seulement quelques minutes à MM. Delahaye et Duhamel pour se mettre à l'abri de l'explosion.

Quelques jours après, le journal le *Siècle*, rendant compte de ce fait dans l'un de ses numéros, écrivait que le maire de Beaugency, garotté par des francs-tireurs, avait été conduit, sous bonne escorte, à Tours, et fusillé pour servir d'exemple aux maires qui rendaient leur ville à l'ennemi ; il lui reprochait d'avoir autorisé *vingt-cinq Prussiens* à faire sauter le viaduc, en défendant aux francs-tireurs de s'y opposer, et, enfin, d'avoir mis à la disposition des Prussiens sa cave et sa maison.

Tous ces faits étaient matériellement faux, puisque le maire de Beaugency n'avait jamais été arrêté ; que, loin d'avoir autorisé la rupture du viaduc, il avait fait tous ses efforts pour s'y opposer ; que le détachement prussien était fort de trois cents hommes au lieu de vingt-cinq ; qu'il n'y avait aucun franc-tireur à Beaugency, et, enfin, que pas un seul rafraîchissement ne fut offert, de sa part, aux Prussiens.

Quand cet article parut à Beaugency, il souleva une indignation générale que l'un de nos concitoyens, M. Louis Pandellé, se chargea de traduire dans une réclamation énergique qu'accueillit le *Siècle*, en donnant pour excuse qu'il avait été induit en erreur par de faux renseignements.

En passant, le matin, les Prussiens avaient fait des réquisitions dans la commune de Baule. A leur retour, ils se présentèrent chez le maire, M. Cherrière-Maupeou, qui habite le hameau de Villeneuve. Ne le trouvant pas, ils chargèrent des voitures de divers objets lui appartenant, les laissèrent sous la garde de quatre de leurs camarades, et commencèrent à s'éloigner. Quand le maire revint à son domicile, il voulut s'opposer au départ des voitures ; un de ses voisins s'efforça de désarmer un soldat qui le menaçait. Aussitôt celui-ci donna un coup de sifflet ; ses camarades revinrent en nombre, saisirent le maire, le garottèrent et l'attachèrent à des arbres pendant qu'ils mettaient le feu à sa maison. Apprenant qu'une maison adjacente lui appartenait également, ils obligèrent les locataires à déménager au plus vite et l'incendièrent de même. Le maire et son beau-frère, M. Couté-Cherrière, emmenés prisonniers, furent, à plusieurs reprises, menacés d'être fusillés.

Cet acte de brutalité sauvage ne fut que le prélude de ceux commis par les Prussiens dans le canton de Beaugency, ainsi que nous le verrons plus loin.

A trois heures, le maire réunit le Conseil municipal, pour

3.

lui rendre compte de ce qui s'était passé la veille en son absence, et le conseil protesta énergiquement contre l'insolence avec laquelle trois individus, sans mission, avaient traité le maire et les habitants de la ville.

Dans la soirée, M. Mercier de Lacombe, membre du Conseil municipal d'Orléans, arriva à Beaugency ; il confirma le triste récit qu'avait fait M. Delahaye des scènes navrantes qui se passaient à Orléans, annonça que sa maison, rue Croix-de-Malte, était envahie par les Prussiens, et qu'il la leur avait abandonnée, ne pouvant rester témoin d'un aussi déplorable spectacle.

Sur la rive gauche de la Loire avaient lieu, le même jour, d'autres événements ; cent cinquante francs-tireurs de Tours et de la Dordogne, réunis à des gardes nationaux de La Ferté et de Saint-Laurent-des-Eaux, s'étaient embusqués moitié dans les vignes au-dessus de Lailly, moitié dans les bois qui entourent le carrefour de Mecquebaril ; ils tirèrent sur les Prussiens, en tuèrent plusieurs, repoussèrent les autres et blessèrent le cheval d'un officier supérieur. Celui-ci, ne pouvant suivre sa colonne, arriva seul au hameau de la Croix-Blanche ; arrêté par un maréchal ferrant, il le frappa d'un coup de sabre ; mais, aussitôt entouré par quelques habitants du quartier, il fut renversé de son cheval et grièvement maltraité. Sur sa demande, on le conduisit au château de Fontperthuis, et pendant qu'on le pansait, deux individus en blouse vinrent le réclamer, dans l'intention probable de lui faire un mauvais parti ; M. le comte de Lorge s'y refusa énergiquement, en déclarant qu'il ne le remettrait qu'à des soldats régulièrement reconnus de l'armée française. Malgré les menaces qu'ils firent d'incendier son château, M. le comte de Lorge tint bon, et ce ne fut qu'à l'arrivée de quelques chasseurs à pied qu'il consentit à leur délivrer le prisonnier.

Cet officier, nommé le comte Arco, volontaire bavarois, appartenait, à ce qu'il paraît, à l'une des plus grandes familles allemandes, et les Prussiens semblaient attacher une haute importance à ce qu'il leur fût rendu. A deux reprises différentes, ils envoyèrent un parlementaire proposer un échange. Sur le refus de l'autorité militaire, ils jurèrent de se venger des mauvais traitements qu'il avait subis à Lailly, et ne tinrent que trop bien parole. Dans l'après-midi, un détachement de chevau-légers bavarois et de hussards rouges vint occuper la grande route avec quatre pièces de canon, fouillant toutes les maisons sur leur passage, battant les habitants à coups de plat de sabre, et menaçant de tout mettre à feu et à sang, pour punir la commune de l'arrestation du comte Arco. Le maire, fait prisonnier, fut chargé sur une charrette et conduit à Orléans, mais délivré en route par le colonel des hussards rouges, qui poussa une reconnaissance jusqu'à Mocquebaril, où il fut reçu par une fusillade bien nourrie de gardes nationaux et de francs-tireurs de Loir-et-Cher, qui lui tuèrent quatre hommes et blessèrent un officier.

Le lundi 17, les Prussiens revenaient en force à Lailly avec deux pièces de canon qu'ils placèrent en batterie sur la route, à la hauteur du moulin de Chaffin, tirèrent quelques volées dans la direction des bois de M. Caillard, et un obus vint éclater dans la ferme du château de Gelou ; quant aux francs-tireurs, ils battirent en retraite et se replièrent sur Blois, laissant le passage libre à trente cuirassiers bavarois qui allèrent jusqu'à Nouan-sur-Loire sans être attaqués.

En racontant ces faits, les journaux en exagérèrent singu-
lièrement l'importance, en annonçant que les Prussiens
avaient eu dans cette rencontre une centaine d'hommes tués,
blessés ou prisonniers, ce qui n'était pas vrai. A cet égard
on a beaucoup trop vanté les exploits des francs-tireurs, qui,
à en juger par ce qui se passa sous nos yeux, faisaient en
général peu de mal à l'ennemi, et beaucoup aux populations
qu'ils se donnaient pour mission de protéger; ils remplissaient
les journaux de récits d'affaires dans lesquelles ils avaient
mis hors de combat quelques Prussiens, mais ne parlaient
pas de villages incendiés ou d'habitants fusillés par le seul
fait de leur présence. Indisciplinés pour la plupart, ils pa-
raissaient à leur gré sur tel ou tel point, faisaient le coup
de fusil, puis disparaissaient aussitôt, abandonnant les populations aux terribles vengeances de l'ennemi.

Il est pourtant vrai de dire que les Prussiens avaient
terreur des francs-tireurs, et que partout où ils se présentaient, leur premier soin était de s'informer s'il en avait
paru dans les environs; ils se refusaient à leur reconnaître
la qualité de belligérants, et ne leur faisaient aucun quartier : chaque maison où ils en trouvaient était livrée aux
flammes, et les habitants accusés de les recéler passés par
les armes. Il aurait donc été possible de tirer un meilleur
parti de cette institution, en les incorporant dans l'armée
régulière en qualité d'éclaireurs, en les soumettant aux
ordres des généraux, mais surtout en leur donnant un uniforme qui les fît ressembler à de véritables soldats, au lieu
d'avoir l'air de *condottieri* levés à la hâte.

Le même jour, à onze heures du matin, six hussards
français poussèrent une reconnaissance jusqu'à Beaugency,
annonçant qu'ils allaient être suivis d'une forte colonne

commandée par le général Tripart, partant de Mer pour se diriger sur notre ville. On l'aperçut en effet à la hauteur de la limite, qu'elle ne dépassa pas. Il semblait, et nous eûmes plusieurs fois l'occasion de le reconnaître, qu'il y eût un parti pris par les autorités civile et militaire de Loir-et-Cher, de se borner à défendre leur département, sans s'inquiéter de ce qui se passait dans le Loiret; elles croyaient punir ainsi Beaugency de son défaut de résistance.

A quatre heures le maire de Beaugency reçut une dépêche du maire de Meung, lui anonçant qu'un corps d'armée de dix mille Prussiens avait été vu sur la route d'Orléans, dans la direction de Meung. Deux heures après, on apprit que ce corps d'armée, se réduisant à douze cents hommes, avait quitté la route en amont de Meung pour se rendre à Coulmiers. Il fut en effet rencontré à Huisseau par un de nos concitoyens, M. Mottu, qui, retenu deux jours à Patay avec son cheval et sa voiture, avait obtenu avec beaucoup de peine un laissez-passer pour revenir à Beaugency.

Ce fut le mardi 18 que les Prussiens parurent pour la première fois dans le bourg de Messas. Ils obligèrent le maire à leur livrer les armes de la compagnie de sapeurs-pompiers, et firent de nombreuses réquisitions qui se renouvelèrent les 27 et 29 octobre.

Le même jour, on entendit toute la journée le canon gronder dans la direction du nord-ouest, et le soir on vit à l'horizon la lueur d'un immense incendie, lueur qui se renouvela le lendemain. Nous apprîmes que la ville de Châteaudun, défendue par neuf cents francs-tireurs de Paris et des gardes nationaux, avait été prise à la suite d'un combat opiniâtre, qu'environ deux cent trente-cinq maisons avaient été livrées aux flammes, et un certain nombre de gardes nationaux conduits prisonniers à Orléans.

Châteaudun s'était immortalisé par son héroïque résistance; mais par combien de larmes, de sang et de ruines elle avait acheté sa gloire!

Il n'entre pas dans notre plan de raconter les scènes affreuses qui se passèrent à Châteaudun pendant trois jours, et nous nous bornerons à citer un fait qui prouve avec quelle férocité barbare les Prussiens traitaient les villes conquises. Le lendemain de la prise de Châteaudun, des officiers bavarois logés à l'hôtel du Grand-Monarque, sur la place, à la suite d'une orgie, mirent eux-mêmes le feu à l'hôtel, et à leur exemple, leurs soldats brûlèrent de gaîté de cœur plusieurs maisons de la ville, entre autres celle appartenant à l'un de nos concitoyens, M. Main.

Le 13 octobre, un détachement de vingt-cinq hussards rouges se rendit à Lailly, demandant un guide pour les conduire à Jouy-le-Pothier. A peine avaient-ils tourné le chemin des Gachetières, que deux cents dragons français venant de Saint-Dyé arrivèrent par Monçay, pour leur couper le chemin; mais prévenus à temps, ils purent s'échapper.

Le 19 octobre, le troisième bataillon de chasseurs à pied, cantonné à Mocquebaril, alla s'embusquer dans les bois du Boudet, tandis qu'un détachement de hussards français occupait le bois de Vezenne. Les hussards rouges prussiens arrivèrent sur les huit heures du matin et furent cernés aussitôt par les Français, mais purent s'échapper, laissant trois hommes blessés qu'on emmena prisonniers à Saint-Laurent-des-Eaux.

Le jeudi 20 octobre, à huit heures du matin, quatre cavaliers prussiens arrivèrent à Beaugency; ils entrèrent dans plusieurs boutiques, achetant et payant divers objets à leur convenance. A dix heures nous vîmes entrer un peloton de hussards français qui donnèrent dans nos rues la chasse aux Prussiens, en firent deux prisonniers et poursuivirent les autres sur la route d'Orléans; le bruit se répandit que l'un d'eux, atteint d'un coup de révolver par un officier de hussards, était allé mourir à Foisnard. Le même jour, les hussard rouges entrèrent à Lailly et dévalisèrent complètement le magasin de mercerie et de tabac de M. Moulinet; quelques-uns s'avancèrent jusqu'au hameau de la Croix-Blanche, qu'ils ne dépassèrent pas.

Environ douze cents hommes de troupes françaises étaient campés sur la rive gauche de la Loire, au carrefour Mocquebaril; des vivres leur furent envoyés par les soins de notre administration municipale; ils poussèrent, le 21 octobre, une reconnaissance jusqu'à Cléry, sans rencontrer d'ennemis, et se replièrent le soir sur leur cantonnement.

## VI.

Le vendredi 21, nous commencions à respirer, quand, sur les quatre heures, une nuée de Prussiens, cavalerie et infanterie, suivie de voitures d'ambulance et de huit pièces de canon, fondit tout à coup sur Beaugency. Ils firent toutes leurs dispositions pour un combat qu'ils s'attendaient à soutenir contre les troupes françaises cantonnées à Mer. Les canons furent placés en batterie sur le chemin de Vernon; les soldats d'infanterie dispersés en tirailleurs dans les marais et sur la ligne du chemin de fer. Un régiment de cuirassiers blancs se porta en avant sur la route de Mer et échangea quelques coups de feu avec les éclaireurs français. Le commandant obligea M. Duhamel, adjoint, à le conduire à l'hospice, où il demanda à la supérieure de mettre à sa disposition une salle pour des blessés. Un peloton fouilla dans tous les sens la maison de M. Boucheron, sur le quai, sans doute pour s'assurer si elle ne renfermait pas de francs-tireurs; deux chasseurs à pied envoyés en reconnaissance du carrefour de Mocquebaril aperçurent de la rive gauche des Prussiens qui suivaient le sentier des Iles, et tirèrent dessus. Enfin, entre six et sept heures du soir, les Prussiens ne voyant rien paraître du côté de Mer, disparurent comme ils étaient venus, et nous délivrèrent de l'inquiétude de voir s'engager un combat dans l'intérieur de la ville.

Le samedi 22, ils reparurent à Beaugency sur les sept heures du matin, placèrent un poste devant le clocher, pour empêcher qu'on ne sonnât le tocsin, se rendirent sur le quai et coulèrent à fond toutes les barques qui servaient au passage de la Loire. Les propriétaires des deux bateaux-lavoirs n'obtinrent qu'avec beaucoup de peine l'autorisation de les saborder eux-mêmes; il est évident que si notre arche marinière n'eût pas été détruite dans la journée du 21 septembre, ils n'eussent pas manqué de la faire sauter. Ils nous quittèrent sur les midi, emportant avec eux deux sacs de farine, treize sacs d'avoine et un quart de vin, fournis par réquisition.

Dans l'intervalle se passaient, sur la rive gauche de la Loire, de bien lamentables événements. Les Prussiens s'étaient promis de brûler la maison d'où étaient sortis les habitants qui avaient arrêté et maltraité le comte Arco, fait prisonnier dans la journée du 16. Ils revinrent en force, avec de l'artillerie, exécuter leurs menaces. Environ quatre-vingts chasseurs à pied, qui défendaient le hameau de la Croix-Blanche, furent obligés de céder au nombre, et battirent en retraite sur Mocquebaril, abandonnant leurs armes et leurs effets de campement, ne perdant qu'un seul homme, qui eut le corps traversé d'une balle, mais laissant entre les mains de l'ennemi six des leurs prisonniers. Après leur départ, se passa une scène épouvantable : tout une soldatesque furieuse, impitoyable, se rua sur un pauvre village sans défense, brandissant des torches enflammées, et allumant partout l'incendie. En moins d'une heure, vingt-deux maisons étaient réduites en cendres. D'un côté brûlaient l'auberge de la Croix-Blanche et tout un quartier; de l'autre flambaient l'auberge du Cygne et les maisons voisines. Au milieu de cette fournaise ardente, se tordaient de malheureux habitants, affolés de terreur, entre une ceinture de fer et deux colonnes de feu. Quelques-uns, surpris par les flammes en essayant de sauver des lambeaux de leur mobilier, parurent à demi brûlés sur le seuil de leur demeure ; on les repoussa à coups de baïonnette dans le brasier; on en retrouva le lendemain les cadavres carbonisés. Un vieillard fut tué à coups de sabre, deux jeunes gens et un ouvrier par les balles, quatre autres grièvement blessés ; des hommes, des femmes, des enfants, qui cherchaient à s'échapper des maisons incendiées ou des environs, furent entassés sur la grande route, gardés à vue, et menacés de mort à chaque instant.

Dans cet instant critique, M. Fernand de Geffrier, premier conseiller municipal, remplissant les fonctions de maire, et M. le marquis de Fricon, capitaine de la garde nationale sédentaire, s'empressèrent d'accourir sur le théâtre du danger, s'offrirent généreusement en otage, et à force d'instances, parvinrent à faire rendre à la liberté leurs pauvres concitoyens, moins deux, dont l'un revint quelques jours après; quant au sort de l'autre, il est resté inconnu.

La noble conduite de MM. de Geffrier et de Fricon leur valut la reconnaissance des habitants de Lailly, qui les proclamèrent les sauveurs de leur commune.

Selon Montesquieu, le droit des gens est fondé sur ce principe, qu'en cas de guerre, les nations doivent se faire le moins de mal possible (1); tandis que les Prussiens, foulant aux pieds le droit des gens et les lois de la civilisation, nous faisaient le plus de mal qu'ils pouvaient. C'était, du reste, une vieille habitude de leur caractère national, car nous lisons dans M. de Barante :

(1) *Esprit des lois*, t. I<sup>er</sup>, p. 12.

« Les Allemands faisaient la guerre plus rudement en-
« core que les autres nations (1). »

A la même date parut dans tous les journaux un ordre
du jour adressé à l'armée prussienne, et qui semblait avoir
pour but, sinon de justifier, d'expliquer du moins de pareilles atrocités. On y lisait que toute commune dans laquelle un simple citoyen commettrait un acte isolé de
défense serait livrée au pillage et incendiée. Ce n'était
plus une guerre comme elle doit se pratiquer entre nations
civilisées que nous livraient les Prussiens, mais une guerre
d'extermination, telle que la faisaient au moyen âge les
hordes de barbares qui envahirent le midi de l'Europe (2).

Dans l'ordonnance qui règle l'institution de la lansturm
en Prusse, il est formellement expliqué que si le pays venait
à être attaqué, tous les citoyens, sans distinction, devaient
se lever en masse pour le défendre. Ainsi, ce que le roi de
Prusse regardait comme un devoir chez lui, il le traitait
chez nous comme un crime.

Les journées des 23 et 24 se passèrent relativement
calmes à Beaugency. Des éclaireurs prussiens venaient tous
les matins explorer la route de Mer, et repartaient aussitôt.

Le 24, un capitaine français, décoré du brassard international, et précédé d'un trompette portant le drapeau de
la société, traversa Beaugency pour se rendre au camp
prussien. Il revint au bout de quelques heures, sans que
nous puissions connaître le but de sa mission.

Dans cette même soirée, nous eûmes le spectacle d'une

---

(1) *Histoire des ducs de Bourgogne*, t. II, p. 403.
(2) ROBERSTON, *History of the emperor Charles V*, t. I, p. 260
à 266.

magnifique aurore boréale, qui se renouvela le lendemain.

Le mardi 25, de trois à cinq heures du soir, on entendit
à Beaugency gronder le canon dans la direction de Josnes.
Quelques jours auparavant, un officier et deux soldats
prussiens avaient été tués dans une rencontre auprès du
village d'Ourcelles. En apprenant cet événement, le général commandant à Orléans avait juré qu'il en tirerait une
terrible vengeance, et qu'il ne resterait pas pierre sur pierre
du village d'Ourcelles. Il envoya en effet un détachement,
avec du canon, réaliser sa menace; mais Ourcelles était
gardé, et les Prussiens, ne se trouvant pas en force, se
bornèrent à une canonnade qui n'eut d'autre résultat que
de détériorer la toiture d'une grange. Deux blessés de
chaque côté furent la conséquence de cet engagement.

Le mercredi 26, il y eut des escarmouches sans importance sur la rive gauche de la Loire, entre les Prussiens et
les Français cantonnés au carrefour de Mocquebaril. Ces
derniers tuèrent deux hommes aux Prussiens, mais per-
dirent de leur côté deux chasseurs à pied, qui se laissèrent
prendre dans les vignes au-dessus de Chaffin.

Sur les quatre heures du soir, arrivèrent à Beaugency
de nombreuses voitures d'ambulance, accompagnées de
médecins, de chirurgiens, d'infirmiers et de trois aumô-
niers dont deux catholiques et un protestant; ils se rendaient au château de Menars que le prince de Chimay avait
mis à leur disposition. Le choix de cet emplacement laissait pressentir que nous devions nous attendre à un engagement dans nos environs.

Le jeudi 27, circulèrent dans Beaugency des nouvelles
qui tinrent en émoi toute la population. Les Prussiens

étaient revenus au nombre de cent vingt hommes dans les communes de Baule et de Messas, et, après des réquisitions de toute nature, s'étaient livrés à quelques actes de pillage ; le bruit courait qu'une forte colonne de troupes françaises avait traversé Cravant dans une direction ignorée ; que, sur la route du centre, se massait une armée nombreuse ; que quatre cents francs-tireurs, sous les ordres de M. de Cathelineau, occupaient le carrefour de Mocquebaril ; enfin, il y avait dans l'air comme un présage d'événements sur le point de s'accomplir, et puis on n'entendit plus parler de rien.

Le vendredi 28, deux parlementaires français se rendirent au camp prussien, l'un par la rive droite, l'autre par la rive gauche de la Loire. Comme le même jour M. Thiers traversa Beaugency pour se rendre à Paris, on supposa que l'envoi de ces parlementaires avait trait à son passage.

Dans cette même journée, fut affichée à Orléans et à Meung une dépêche du général baron de Thann, commandant la place d'Orléans, et annonçant la capitulation du maréchal Bazaine, que sembla confirmer une proclamation de M. Gambetta adressée à tous les préfets et sous-préfets de la République, déclarant à la fin que *malgré tant de scélérates capitulations, la République française ne capitulerait jamais.*

Ce dernier mot était de trop, et les leçons de l'histoire auraient dû apprendre à M. Gambetta qu'en matière politique il ne faut pas dire : *jamais!*

On espérait encore pouvoir douter de cette nouvelle, quand elle fut officiellement annoncée dans les journaux de Tours du 30 octobre. Au premier moment de stupeur succéda une vive explosion de colère. On cria à la trahison, et la délégation du gouvernement de Tours en accusa hautement le maréchal Bazaine, à l'exception, toutefois, de l'amiral Fourichon, qui refusa de joindre sa signature à celle de ses collègues. Tous les préfets, sous-préfets, maires, Conseils généraux et municipaux des départements non envahis, brodèrent sur ce thème en envoyant au gouvernement de Tours de chaleureuses adresses qui formaient la contre-partie de celles que reçut le second empire dans les derniers mois de son existence. On ne tint compte au maréchal Bazaine ni d'un passé honorable, ni de ses glorieux efforts pour retenir pendant deux mois et demi sous les murs de Metz une armée plus nombreuse que la sienne, ni des combats journaliers qu'il avait livrés à l'ennemi, ni des pertes qu'il lui avait fait subir, ni de l'isolement où il avait été laissé sans recevoir de secours en vivres ou en soldats, ni enfin de la dure nécessité où il s'était trouvé de capituler avec la faim, dans l'impossibilité de nourrir plus longtemps une population de 54,000 âmes, 20,000 malades et blessés, et une armée de 100,000 hommes. L'opinion unanime des officiers prussiens de passage à Beaugency, et dont plusieurs sortaient de l'armée devant Metz, était que le maréchal Bazaine ne pouvait agir autrement sans exposer la sienne à une destruction complète. Maintenant, fut-il ou non coupable de trahison? eut-il, pour capituler, une raison secrète, la restauration du gouvernement impérial ou toute autre? C'est un mystère que le temps éclaircira peut-être, mais qu'il ne nous est pas donné de chercher à approfondir dans une histoire comme la nôtre.

Le gouvernement de Tours engagea les populations à ne pas se laisser abattre par tant de malheurs réitérés, et à se lever en masse pour repousser l'ennemi du sol de la patrie. Cette mesure qu'il aurait fallu prendre, comme nous l'avons dit, aussitôt après la capitulation de Sedan, devenait impraticable alors que plus de trente départements étaient envahis. Comment voulait-on que des habitants sans armes, sans munitions, sans matériel de guerre, sans organisation et sans chefs, pussent résister au nombre et à l'artillerie des Prussiens? On leur disait de s'armer de tout ce qui leur tomberait sous la main, comme s'ils avaient été en mesure d'opposer, avec la moindre apparence de succès, des fourches, des bâtons, des outils, de mauvais fusils de chasse aux fusils à aiguille, aux canons et aux mitrailleuses de l'ennemi. Ils ne pouvaient que déplorer leur impuissance et maudire la politique qui avait amené une si fatale guerre.

Dans une instruction émanée du même gouvernement, on engageait les habitants des provinces envahies ou près de l'être à faire devant l'ennemi un vide complet, à se retirer devant lui avec tout ce qu'ils possédaient en mobilier, chevaux, voitures, bestiaux, grains, fourrages et provisions de toute nature, en ne laissant aux Prussiens que des maisons abandonnées et un pays désert.

Cette instruction fut complétée par un arrêté du comité de défense d'Indre-et-Loire, prescrivant de la manière la plus absolue, à toutes les populations du département, de préparer des moyens de défense en interceptant la circulation sur les routes et les chemins par où l'ennemi pouvait passer, puis de se retirer devant lui dans la direction de l'ouest, au premier signal qui leur en serait donné, en brûlant et détruisant tout ce qu'ils ne pourraient pas emporter. Les commissions municipales, le curé, l'instituteur et tous les notables de chaque commune étaient rendus personnellement responsables de l'exécution de ces mesures. On promettait aux émigrants qu'ils seraient nourris à Tours d'abord, puis ensuite à Chinon; mais on ne leur disait pas ce qu'ils deviendraient s'ils étaient obligés de pousser plus loin.

Ce plan de défense nationale, copié sur celui de Louis XI, alors qu'il faisait ravager le nord de son royaume pour affamer les Anglais (1), était l'œuvre de quelques fanatiques qui ne tenaient aucun compte des moyens d'exécution. Comment voulait-on que des populations entières des villes et des campagnes abandonnassent leur domicile pour s'exposer à aller périr au loin de faim et de misère? On n'emporte pas le sol de son pays à la semelle de ses souliers, disait Danton (2), et la plupart de nos concitoyens préféraient attendre la mort au foyer domestique, plutôt que de s'en éloigner pour la recevoir d'une autre manière. Obliger les villes de Tours et de Chinon à nourrir les milliers d'émigrants qui viendraient s'y réfugier était aussi impraticable, et faire retomber l'exécution de cette mesure sur le maire, le curé, l'instituteur, les notables de chaque commune, était un acte aussi odieux qu'arbitraire.

Le 30 octobre, les francs-tireurs de M. de Cathelineau et le 3e bataillon des mobiles de la Dordogne vinrent délivrer Lailly, après avoir, dans des reconnaissances hardies et bien conduites, tué et blessé quelques Prussiens, sans perdre un seul homme.

(1) *Histoire des ducs de Bourgogne*, t. X, p. 155.
(2) *Histoire de la Révolution française*, t. X, p. 193.

## VII.

Le 1er novembre, à sept heures du matin, environ deux cents cavaliers prussiens parurent au haut de Saint-Nicolas. Vingt-cinq poussèrent une reconnaissance sur la route de Mer, et à leur retour le détachement se retira sans entrer en ville. Quelques heures après, une soixantaine de francs-tireurs du département des Alpes-Maritimes, campés sur la rive gauche, passèrent la Loire, vinrent à Beaugency, où leurs exploits se bornèrent à parcourir les cafés et les cabarets.

Pendant plusieurs jours Beaugency se trouva dans la position d'une ville investie de toutes parts. Nous ne pouvions communiquer avec Mer, dont les Français nous défendaient l'entrée, ni avec Meung occupé par les Prussiens, ni avec la rive gauche de la Loire gardée par nos troupes. Quand nos bouchers et nos charcutiers parcouraient les campagnes, afin de pourvoir à l'approvisionnement de la ville, ils s'exposaient à être arrêtés, tantôt par les Français, tantôt par les Prussiens, et conduits prisonniers à Mer ou à Meung. Nous étions sans nouvelles de ce qui pouvait se passer dans un rayon de deux kilomètres autour de nous. Cette situation nous semblait d'autant plus intolérable, qu'il était impossible d'en prévoir la fin, et nous étions loin de nous douter qu'elle se renouvellerait plus tard d'une manière encore plus sérieuse. Français et Prussiens avaient en quelque sorte choisi Beaugency pour jouer une partie

4

de barres, et nous les voyions paraître et disparaître les uns après les autres.

Le 2 novembre, à midi, le maire réunit chez lui les membres du comité formé pour s'occuper de la construction de la passerelle; le devis, dressé par M. Lamiray, conducteur des ponts-et-chaussées, dépassait de beaucoup les prévisions qu'il avait annoncées dans le principe. Ce devis s'élevait à 7,500 fr., non compris les frais de la cabane à élever pour le péageur. Le plan de M. Lamiray comportait deux voies de voiture et deux trottoirs pour les piétons. Il lui fut demandé de réduire le passage à une seule voie, et on remit la solution de cette affaire jusqu'après la rectification du plan primitif.

Le jeudi 3 novembre, le maire de Beaugency fut réveillé à trois heures du matin par le capitaine des zouaves pontificaux, qui venait à la tête de sa compagnie s'informer de la position de l'ennemi. M. Delahaye le prévint que, selon leur habitude, les Prussiens viendraient probablement à Beaugency dans la journée, et l'engagea à leur dresser une embuscade qui lui promettrait un beau coup de filet. Le capitaine s'y refusa, en alléguant que ses ordres lui prescrivaient de rentrer au camp avant six heures du matin, et il partit aussitôt avec sa compagnie.

Les prévisions de M. Delahaye ne tardèrent pas à se réaliser. A dix heures du matin nous arrivèrent trois cents Bavarois, infanterie, cavalerie et artillerie. Le commandant se rendit à l'Hôtel-de-Ville, devant lequel il fit ranger un fort peloton d'infanterie, puis présenta un état de nombreuses réquisitions. En l'absence du maire, retenu dans son lit par une grave indisposition, MM. Huguier et Duhamel père discutèrent chaleureusement les conditions qu'on voulait leur imposer. Le commandant demandait cinquante sacs de farine, cinquante sacs d'avoine, cent chemises de flanelle, quatre-vingts paires de gants, quarante bouteilles de champagne, quatre pièces de vin, du pain, de la paille et d'autres denrées. Nos adjoints obtinrent de faire réduire l'importance des réquisitions exigées ; mais ils eurent une lutte plus difficile à soutenir avec le commandant bavarois, qui voulut à toute force qu'on lui fournît immédiatement deux révolvers. Sur la réponse qu'il n'en existait pas un seul à Beaugency, il répondit que ses soldats sauraient bien en trouver, ou qu'à défaut, la ville aurait à supporter une contribution de 400 fr. MM. Huguier et Duhamel tinrent bon dans leur refus, et, de guerre lasse, il finit par ne plus insister. Les Bavarois avaient amené avec eux des charriots sur lesquels ils chargèrent les réquisitions fournies, et partirent sur les deux heures, laissant à la mairie un bon de ce qui leur avait été livré. Leurs officiers, au nombre de neuf, s'étaient fait servir à l'hôtel de Saint-Étienne un déjeûner qu'ils payèrent dans la valeur d'un bon de 34 fr., et en revenant, ils emmenèrent trois vaches prises dans la commune de Baule.

Après avoir reçu la visite des Prussiens, il fallait nous attendre à celle des Français, et elle ne nous manqua pas, en effet. Le vendredi 4 novembre, deux officiers suivis d'un peloton de lanciers vinrent à la mairie prendre connaissance de ce qui s'était passé la veille. M. Delahaye écrivit au général commandant à Mer, pour se plaindre de ce qu'avec des troupes françaises à si peu de distance, on laissât les Prussiens exercer aussi tranquillement leurs réquisitions dans le canton de Beaugency. Pour toute réponse, le général envoya quelques dragons en reconnaissance; mais, comme nous l'avons déjà trop dit, il semblait qu'il y eût un parti pris de ne pas défendre notre ville, à laquelle le général ne voulait pas pardonner son défaut de résistance.

Ce fut le même jour que nous apprîmes par les journaux l'émeute qui avait éclaté dans Paris le 31 octobre, sa répression par la garde nationale mieux inspirée que le 3 septembre, et la perspective d'un armistice pouvant conduire au rétablissement de la paix. Disons ici, en passant, que parmi les troupes qui prêtèrent à la garde nationale un concours énergique, se trouvait un bataillon des mobiles du Loiret, qui comptait parmi ses officiers plusieurs de nos jeunes compatriotes.

Le dimanche 6, nous attendions avec impatience les journaux de Tours, pour y rencontrer la confirmation des espérances conçues la veille; ils nous arrivèrent à trois heures, mais sans nous apprendre rien de nouveau.

Le décret de la levée en masse des hommes de vingt et un ans à quarante ans parut dans le *Moniteur universel* du 6 novembre; il n'y fut pas donné suite dans le Loiret, où on se borna à dresser des listes sur le papier.

Dans la matinée, une patrouille française surprit à la ferme des Murs, commune de Cravant, trois cavaliers prussiens occupés tranquillement à battre le beurre et à déguster des fromages : elle en fit un prisonnier et poursuivit les deux autres sans pouvoir les atteindre.

Tandis que nous perdions cent cinquante mille hommes à Sedan et cent mille à Metz, nous n'avions d'autres consolations que de faire aux Prussiens de bien rares prisonniers !...

Depuis Blois jusqu'à Mer, et sur la rive gauche, jusqu'à

Lailly, se trouvaient des forces considérables en infanterie, cavalerie et artillerie. Un fait déplorable, c'est que la plupart du temps, nos troupes manquaient de vivres et de fourrages ; aussi nos soldats se répandaient en murmures contre l'incurie de l'administration, qui les laissait souvent sans rations journalières.

————

## VIII.

Le lundi 7 novembre, les patrouilles françaises se suc-
cédèrent sans interruption, à Beaugency, dans la matinée.
La dernière, composée de gardes mobiles, venait de nous
quitter à onze heures, quand, une heure après, arriva devant la mairie un peloton de vingt-cinq cavaliers prussiens,
commandés par le même capitaine que nous avions déjà
vu le 3 novembre. S'adressant à M. Delahaye, il lui intima
l'ordre de se rendre au camp de Saint-Ay ou d'y envoyer à
sa place soit un de ses adjoints, soit un des membres du
Conseil municipal. M. Delahaye demanda ce qu'on voulait
faire d'eux ; il répondit que « tel était l'ordre de son géné-
« ral..... qu'il n'avait, en conséquence, aucune explication
« à lui fournir, et qu'il lui donnait seulement une heure
« pour s'apprêter. » Tandis qu'on faisait droit à ses réquisitions et qu'on lui préparait son déjeûner à l'Écu de Bre-
tagne, une voix partie d'un groupe devant la mairie cria :
« Voilà les Français ! » A ce cri, les Prussiens sautèrent à
la hâte sur leurs chevaux et enfilèrent à fond de train la
périlleuse descente de la rue de la Croix-Verte. Hommes
et chevaux culbutèrent les uns sur les autres, mais parvinrent à se relever, moins deux, dont l'un, enfermé
d'abord dans une grange, puis remis en liberté, gagna la
route d'Orléans, et on n'entendit plus parler de lui; quant
à l'autre, entouré aussitôt par les habitants du quartier, il
fut saisi et conduit à l'hospice pour y être pansé. Dans leur

fuite précipitée, les Prussiens furent aperçus au haut de Saint-Nicolas par des francs-tireurs vendéens, postés sur la rive gauche de la Loire, qui attendirent le moment où ils furent en vue sur la grande route, et firent sur eux une décharge qui en blessa plusieurs.

En passant à Foisnard, à Meung et de retour dans leur camp de Saint-Ay, les Prussiens proférèrent les plus terribles menaces contre Beaugency, jurant de revenir en force le lendemain, et de livrer au pillage et à l'incendie la ville entière, si elle ne payait pas, avant six heures du matin, 100,000 fr. de contribution de guerre. Informé de ces propos, le maire de Meung crut devoir en prévenir le maire de Beaugency, afin qu'il eût à se tenir sur ses gardes.

Vingt minutes après le départ des Prussiens, arriva un peloton de lanciers français qui poussa une reconnaissance jusqu'à Foisnard, échangea quelques coups de feu avec les avant-postes de l'ennemi, et nous quitta à onze heures du soir, emmenant avec lui le prisonnier laissé à l'hospice.

Dès que les Prussiens furent partis, M. Delahaye envoya à Mer MM. Huguier et Millière prévenir le général de ce qui venait de se passer; puis, apprenant dans la soirée les projets de vengeance formés par les Prussiens contre la ville, il réunit à neuf heures le conseil municipal pour lui en faire part. Le danger était imminent, et il n'y avait d'autre moyen de le conjurer que d'aller à Mer demander du secours. M. Auguste Hiss, conseiller municipal, offrit de s'en charger, et partit pour Mer à dix heures et demie. La consternation était générale à Beaugency, et l'anxiété si grande, que plusieurs personnes n'osèrent même pas se coucher.

Un de nos concitoyens, M. Quentin, avait été chargé de conduire le même jour un médecin d'ambulance à Orléans. A son retour, il fut arrêté à Saint-Ay par les Prussiens, et quand ils virent son laissez-passer daté de Beaugency, ils le maltraitèrent et menacèrent de le fusiller à plusieurs reprises. Il eut beau leur répéter que, parti le matin de Beaugency, il était étranger à ce qui s'y était passé dans la journée; tout ce qu'il put obtenir, à force de prières, fut d'être reconduit à Orléans auprès du général prussien, qui ordonna de le mettre en liberté. Il revint avec beaucoup de peine à Beaugency, abandonnant son cheval et sa voiture.

Le même jour, à dix heures du matin, on entendit à Beaugency gronder le canon dans la direction de Marchenoir. Nous apprîmes plus tard que, dans une charge brillante, notre cavalerie avait tué à l'ennemi deux officiers et cinquante soldats, fait cinquante-quatre prisonniers, pris deux canons et une mitrailleuse, tandis que nos pertes se bornaient à deux officiers et à une trentaine de soldats blessés. Fidèles à leurs habitudes de brigandage, les Prussiens avaient, en se retirant, incendié une ferme aux environs de Poisly et le moulin de Marolles.

Le mardi 8, de grand matin, les Prussiens partirent de Saint-Ay pour réaliser contre Beaugency leurs projets de vengeance. Heureusement pour nous, le plan de concentration de l'armée de la Loire avait été arrêté pour le même jour. Dès huit heures, nous vîmes défiler à Beaugency environ quinze mille hommes, tandis qu'un plus grand nombre tournait notre ville par les plaines de la Beauce. Nous saluâmes de nos acclamations nos soldats sur leur passage, en admirant avec bonheur leur air martial, et une régularité de mouvements qui annonçait une armée bien exercée.

Dans la même matinée, M. de Cathelineau, qui avait été prévenu du danger qui nous menaçait, traversa la Loire pour venir à notre secours avec sa compagnie, à la tête de laquelle il marchait la canne à la main. En débouchant par la rue des Querres, il se rencontra avec la première colonne de l'armée française, et, nous voyant en sûreté, retourna sur la rive gauche, pour de là se diriger sur Orléans.

A une heure, M. Thiers, qui avait couché lundi soir à Orléans, arriva à Beaugency en voiture particulière; il descendit au haut de Saint-Nicolas, traversa la ville à pied, et se rendit à la gare, où il fut reçu par MM. Pandellé, Lorin de Chaffin, Denizet et Cahu, membres du Conseil municipal, M. Delahaye étant retenu à la mairie par les ordres multipliés qu'exigeait le passage des troupes. L'illustre homme d'État serra cordialement la main de ces Messieurs, s'entretint quelques instants avec eux, et leur annonça qu'il fallait renoncer à l'espoir d'un armistice, la Prusse se refusant d'une manière absolue à permettre le ravitaillement de Paris. Faute de voiture, M. Thiers monta sur le tender pour aller jusqu'à Mer, où il devait trouver un wagon de première classe. A son arrivée, comme à son départ, il fut accueilli par les acclamations de la foule, auxquelles il répondit en saluant à plusieurs reprises.

A cinq heures du soir, une locomotive entra en gare; la voiture contenait le secrétaire de M. Gambetta, un officier d'ordonnance et trois ingénieurs qui prirent immédiatement des mesures pour remplacer l'arche détruite du viaduc par une passerelle en fonte ne comportant qu'une seule voie.

Quelques instants après, commença dans la rue Impériale un défilé de plus de quatre cents voitures, formant ce qu'on appelle les *impedimenta* d'une armée en marche.

Le mouvement des troupes en avant continua pendant une grande partie de la nuit.

Le mercredi 9 novembre, nous entendîmes le canon gronder toute la journée dans la direction du nord ; nous étions dans la plus grande inquiétude. Notre sort se jouait dans les plaines de la Beauce, car il était évident que si l'armée française était obligée de battre en retraite, nous restions exposés à la vengeance des Prussiens ; aussi, nous apprîmes le soir avec bonheur que, forcés dans leurs retranchements, à Coulmiers, à la Renardière, à Bacon, l'ennemi avait été mis en déroute, et que nos troupes avaient obtenu un succès complet. L'armée de la Loire, dont les Prussiens niaient l'existence autrement que sur le papier, s'était révélée à eux tout à coup d'une manière formidable. Pourquoi faut-il que l'éclat dont elle brilla alors n'ait eu qu'une lueur passagère?

Nous croyons intéresser nos lecteurs en donnant les détails suivants, que nous tenons de la bouche d'officiers présents au combat, et que nous avons crayonnés en quelque sorte sous leur dictée.

Sur un plateau qui commande les plaines environnantes, et à peu près à égale distance de Cravant, Ouzouer-le-Marché et Charsonville, s'élève le village de Baccon, composé de soixante-dix ou quatre-vingts feux ; en se plaçant sur l'étroite plate-forme de la tour qui servait jadis au télégraphe, l'œil plonge sur tous les environs. On aperçoit d'un côté, vers le nord, le bourg de Coulmiers, et à l'est, un peu en avant de Meung, le hameau d'Huisseau-sur-Mauves.

Baccon, Coulmiers et Huisseau formeraient les trois sommets d'un triangle équilatéral, dont les côtés seraient marqués par deux routes départementales et un chemin de grande communication. Vers le milieu de ce triangle se trouvent les châteaux de la Touanne, de la Renardière et quelques fermes isolées.

Ce fut là que les Prussiens qui occupaient Meung et Saint-Ay, Saint-Sigismond et Saint-Péravy, avaient formé leur base d'opération : ils avaient établi à Huisseau et à Coulmiers deux camps retranchés, reliés entre eux par un poste placé à l'Orme-de-Roudon. Ces deux camps servaient à la fois de repaires et de greniers d'abondance; ils y entassaient le produit de leurs maraudes et des dîmes quotidiennes, prélevé sur nos malheureuses contrées, et dont le trop plein était destiné à ravitailler le corps d'occupation d'Orléans.

Au point du jour, le quinzième corps d'armée de la Loire, qui la veille avait traversé notre ville, quittait les bivouacs de Villorceau, Cravant et Messas, où il avait passé la nuit. Ils s'ébranlèrent en silence, se dirigeant en colonnes serrées à travers vignes et à travers champs. Ce flot humain monta pendant deux heures, en suivant les ondulations de la plaine et en se portant sur Baccon. Arrivés à quelques kilomètres du bourg, les régiments prirent leur ordre de bataille. Il pouvait être huit heures du matin; la bise était rude et glacée.

A neuf heures, on lança les colonnes d'attaque; les Prussiens, avertis le matin de l'approche des Français, surpris dans leurs retranchements, avaient précipitamment évacué Meung et Saint-Ay, brûlé le camp d'Huisseau, incendié le poste de l'Orme-du-Roudon, et s'étaient concentrés à la hâte sur Baccon, dont ils avaient préalablement crénelé les maisons et défendu les abords par des barricades.

Une vive fusillade s'engagea d'abord des deux côtés : au bout d'une heure, Baccon était enlevé à la baïonnette par les mobiles du Puy-de-Dôme, qu'appuyait un régiment de ligne.

L'ennemi se replia aussitôt sur le château de la Renardière, et l'action recommença plus chaudement que jamais sur ce point. L'artillerie prussienne, forte de trente pièces de campagne, était solidement établie sur le plateau des roches de la cour, d'où elle se mit à vomir une grêle de boulets et d'obus dirigés sur le village de Baccon et sur les batteries françaises placées vis-à-vis, dans une position relativement inférieure. Pendant trois heures la canonnade et la fusillade roulèrent sans interruption; nos troupes, maîtresses de Baccon, s'étaient élancées sous le feu de l'ennemi, jusque sous les murs du château de la Renardière, d'où les Prussiens s'efforçaient de les éloigner par une pluie de mitraille. La lutte fut vive, et il fallut faire le siége du parc pour déloger l'ennemi du château. Enfin, vers quatre heures, un escadron de lanciers français, en s'ébranlant sur nos ailes, décida de la victoire; l'ennemi se crut cerné et s'enfuit en désordre dans la direction de Rozières, cherchant à trouver un refuge dans les bois de Bucy et de Montpipeau, sous la protection de son artillerie qui s'était déplacée, et abandonnant la majeure partie de ses morts et de ses blessés.

La victoire nous restait; nous étions maîtres du village

de Baccon et du château de la Renardière; un épais brouillard nous dérobait la vue des fuyards, et ce fut à cette circonstance, comme au défaut d'une poursuite de la part de notre cavalerie, que l'armée prussienne dut son salut et la conservation de son artillerie.

Nos pertes étaient peu sensibles, cinquante morts et environ cent quarante blessés; celles de l'ennemi, à en juger par les morts et les blessés restés entre nos mains, étaient considérables. Sans pouvoir en préciser l'importance, le bruit courut que dans leur fuite rapide, les Prussiens avaient jeté une partie de leurs morts dans les fossés fangeux du château.

Pendant que le 15e corps se battait à Baccon et la Renardière, le 16e attaquait Coulmiers, et après cinq heures d'un combat acharné mettait de son côté les Prussiens en déroute, les obligeant à battre en retraite dans la direction de Patay.

Malheureusement, nos pertes ont été beaucoup plus grandes dans ce dernier combat: un bataillon du 39e de ligne et un bataillon de chasseurs à pied avaient particulièrement souffert; mais, en revanche, nos zouaves, dans une charge à la baïonnette, avaient presque détruit tout une colonne prussienne.

Le lendemain, plusieurs de nos concitoyens allèrent visiter le champ de bataille; ils en revinrent le cœur navré du triste spectacle qui s'était déroulé sous leurs yeux: un village saccagé, des plaines sanglantes, des maisons incendiées, des habitants affolés de terreur, une église transformée en ambulance, un cimetière profané, puis, devant eux, se dressant comme un spectre dépouillé de son blanc linceul, ce château mutilé, ces parterres où gisaient confondus par la mort vainqueurs et vaincus, ce vestibule où palpitaient sous le froid scalpel du chirurgien les blessés d'hier, ce salon où râlaient les morts du lendemain, cette chambre à coucher dans laquelle ils avaient trouvé six Bavarois s'agitaut dans les convulsions de l'agonie ; ils étaient là, dans un coin de la Beauce, à deux cents lieues de leur patrie, implorant la justice du ciel et maudissant les jeux sanglants de la politique des rois (1).

(1) *Moniteur universel*, n° du 19 novembre.

## IX.

Le jeudi 10, dans la matinée, le bruit se répandit à Beaugency que le 9 au soir les Prussiens avaient évacué Orléans, et que les francs-tireurs vendéens, sous les ordres de M. de Cathelineau, y étaient entrés la nuit sans coup férir, par la rive gauche de la Loire. Ce bruit fut confirmé par deux jeunes gens de Beaugency récemment engagés dans ce corps ; ils rapportèrent qu'après avoir pénétré dans la ville, ils avaient fait prisonniers cinq à six cents Bavarois qui s'étaient laissés désarmer sans difficulté ; un demi-escadron de cuirassiers blancs cantonnés dans la gare avait essayé de résister; mais menacé d'une destruction complète, il finit par se rendre à discrétion.

Dans la même journée, l'administration municipale fut prévenue qu'elle aurait à recevoir des blessés. Aussitôt elle organisa des ambulances à l'hospice, au dépôt de mendicité, à la caisse d'épargne, dans l'ancien magasin de M. Duhamel père, rue des Chevaliers. Un premier convoi de blessés fut dirigé sur l'hospice et réparti dans quelques maisons particulières, qui s'ouvrirent volontairement pour les recevoir; un second convoi le suivit bientôt après. Le lendemain arrivèrent dix-neuf prisonniers bavarois. La caserne du dépôt fut convertie en ambulance allemande. M. le maire de Beaugency fit au cœur de ses concitoyens un appel auquel chacun s'empressa de répondre, en envoyant aux ambulances tous les objets de literie et de pansement dont il pouvait disposer. Les dames de la société de la Maternité se chargèrent de l'ambulance de la caisse d'épargne; les dames de la place du Petit-Marché, des rues de l'Ours et des Chevaliers, de celle de la maison Duhamel père; on peut dire, à l'honneur de notre ville, que dans cette triste circonstance, maire, adjoints, citoyens et citoyennes de tous les rangs et de toutes les classes rivalisèrent de zèle pour donner à tous les blessés, sans distinction de nationalité, les secours dont ils pouvaient avoir besoin. Nos médecins, MM. Pandellé, Fougeu et Venot, sans oublier le docteur Garde attaché à l'ambulance du Puy-de-Dôme, et M. Charles Galopin, élève en pharmacie chez M. Gagé, se distinguèrent particulièrement par un dévoûment digne des plus grands éloges. A l'égard de nos ennemis, les habitants de Beaugency se vengèrent noblement des menaces dont ils avaient été l'objet de leur part. Les Bavarois blessés reçurent des lits. La liste de ceux en traitement à Meung et à Beaugency fut envoyée par l'intermédiaire du président de la Convention internationale de Genève au consul de Bavière, qui fit répondre aussitôt par une lettre de remercîments que nous transcrivons ici :

### A M. Lorin de Chaffin.

« Cher Monsieur,

« Nous avons reçu par le président du Comité interna-
« tional de secours aux blessés militaires de Genève, date
« du 18 novembre, votre aimable lettre, avec indication de
« nos nationaux blessés à Beaugency.

« Les renseignements que vous nous donnez nous prou-
« vent votre bon cœur. Recevez, Monsieur, nos remerci-

« ments au nom des familles éprouvées et de notre Co-
« mité.

« Si nous pouvons, dans l'intérêt de vos nationaux bles-
« sés, disparus ou prisonniers en Bavière, vous être utile
« en quelque chose, disposez de nous ; nous sommes tout
« à votre service.

« Agréez l'assurance de nos sentiments les plus dis-
« tingués. »

*Signé :* « Docteur H. SEUFFERT. »

Pendant les journées des 11, 12 et 13 novembre, nous reçûmes de nouveaux blessés, qui furent entourés des mêmes soins.

Un fait remarqué alors pendant leur séjour à Beaugency fut la différence du langage tenu par les blessés des deux nationalités : tandis que les Bavarois, maudissant haute-ment le roi Guillaume et son premier ministre, deman-daient la paix à grands cris, les blessés français n'aspiraient qu'à se rétablir pour retourner sur le champ de bataille prendre une éclatante revanche. Deux mois plus tard, l'es-prit n'était plus le même chez ces derniers ; la continuation de nos revers en avait paralysé l'ardeur.

Dans la soirée du 11, l'éclairage au gaz, suspendu depuis dix jours, reparut, mais en partie seulement dans nos rues, l'administration municipale ayant été obligée, par mesure d'économie, de réduire le nombre des becs. Nous recommençâmes à recevoir aussi les lettres et les journaux d'Orléans, dont nous étions privés depuis un mois.

Le 12, un convoi de médecins de l'ambulance de Menars traversa notre ville pour se rendre à Orléans. Le maire de Beaugency parvint à découvrir parmi eux un des trois in-

dividus qui, le 15 octobre, étaient venus insulter grossièrement l'administration municipale et les habitants de
Beaugency, en les menaçant d'incendier eux-mêmes la
ville; il le traita comme il le méritait, en lui reprochant
énergiquement son insolence.

## X.

Le lundi 14, le chemin de fer reprit son service, et les communications journalières furent rétablies entre Orléans et Blois.

Le même jour, le maire réunit le Conseil municipal pour l'ouverture de sa session de novembre. A la première séance, un membre proposa d'adresser aux représentants des quatre grandes puissances, l'Angleterre, l'Autriche, l'Italie et la Russie, une plainte collective sur les horribles excès commis par les Prussiens dans le canton de Beaugency, en les suppliant de ramener le roi de Prusse aux lois de l'humanité et de la civilisation, si outrageusement violées par ses soldats. La majorité du Conseil, jugeant qu'une semblable plainte, probablement inutile quant à ses résultats, pourrait sans doute être mal interprétée par l'opinion publique, passa à l'ordre du jour.

Sur le rapport de MM. Denizet et Cahu, le Conseil décida la construction d'une passerelle ayant une seule voie de voiture et deux trottoirs pour les piétons, afin de remplacer l'arche marinière détruite.

Cette passerelle, devant coûter 10,000 fr., devait être payée au moyen de l'émission de cent obligations de 100 fr. au porteur, produisant intérêt à 5 p. 100, remboursables sur les produits d'un péage à établir, par la voie d'un tirage au sort, qui aurait lieu tous les mois en séance publique du Conseil.

Pour en assurer le remboursement, le Conseil arrêta le

tarif suivant d'un péage, qui serait perçu jusqu'au jour où l'administration supérieure ferait reconstruire la voie à ses frais :

1º Une personne chargée ou non.................... » f. 05

2º Une personne conduisant une voiture à bras ou une brouette, chargée ou non........................... » 10

3º Une personne avec cheval, mulet ou âne......... » 15

Chaque cheval, mulet ou âne en sus ............... » 10

4º Taureau, bœuf ou vache, conducteur non compris. » 10

5º Moutons, agneaux, brebis, chèvres et porcs, 1 centime par tête; oies et dindes, 1 centime par paire, conducteur non compris, sans que le droit puisse être inférieur à 5 centimes.

6º Voiture à âne, chargée ou non, conducteur compris. » 15

7º Cabriolet, carriole, et toute voiture à deux roues servant au transport des personnes, attelée d'un cheval, conducteur compris.......................... » 25

8º Voiture à quatre roues et à un cheval, conducteur compris............................................ » 40

9º Item, à deux chevaux.......................... » 75

10º Voiture à un cheval, chargée ou non, conducteur compris............................................ » 20

11º Item, à deux chevaux .......................... » 30

12º Item, à trois chevaux.......................... » 40

13º Charriot à quatre roues et à un cheval, chargé ou non, conducteur compris.......................... » 30

14º Item, à deux chevaux .......................... » 50

15º Item, à trois chevaux.......................... » 75

16º Toute personne en sus du conducteur........... » 05

17º Les bestiaux allant au pâturage, ou en revenant, ne paieront que demi-droit.

18º Les bestiaux en voiture sont considérés comme chargement, et par suite exempts du droit.

Furent dispensés du droit de péage :

Tous les agents et employés des administrations civile, judiciaire, financière et militaire dans l'exercice de leurs fonctions ;

Le médecin cantonal ;

Le dépôt de mendicité ;

Les indigents munis d'un laissez-passer de l'administration municipale de Beaugency ;

Les électeurs de la rive gauche se rendant à Beaugency pour prendre part à une élection, sur la présentation de leur carte électorale.

Dès le lendemain, cette délibération fut portée à Orléans par le maire de Beaugency, et reçut l'approbation de M. le préfet du Loiret, mais avec une importante modification. La ville espérait conserver son péage jusqu'à la reconstruction de la voie par l'administration des ponts-et-chaussées, afin de se ménager une ressource qui lui permit de faire face au déficit de ses recettes. M. le préfet ne l'entendit point ainsi. Il décida que le péage devrait cesser aussitôt que la ville aurait été couverte de ses avances au moyen de son produit ; mais qu'à tout événement elle serait garantie de toutes les dépenses qu'elle aurait pu faire pour la reconstruction de la passerelle, son entretien, et tous les frais généralement quelconques auxquels elle donnerait lieu.

Dans cette même séance, M. le maire fit connaître au Conseil le chiffre total des réquisitions faites dans la ville par les Prussiens. Il ne s'élevait alors qu'à 3,300 fr. Trop heureux si nous avions pu en être quittes à ce prix !...

A plusieurs reprises, M. le maire avait manifesté au Conseil son projet de créer une réserve en grains ou en farines pour servir à l'alimentation de la ville, et conjurer

5.

ainsi les dangers de l'augmentation probable du prix du pain pendant la saison rigoureuse. Il développa de nouveau les avantages de ce projet, pour la réalisation duquel il de-demandait l'autorisation de contracter un emprunt de 25,000 fr. A la crainte qui lui fut manifestée de voir ces réserves enlevées par l'ennemi, en cas d'un retour subit, M. le maire répondit qu'on pourrait les disséminer sur les points éloignés du théâtre de la guerre. Après une longue et sérieuse discussion, le Conseil adopta en principe la proposition de M. le maire et chargea une commission, composée de MM. Pandellé et Boucheron-Quétard, d'en préparer l'exécution, qui fut empêchée par les événements ultérieurs.

L'emprunt de 4,000 fr. voté par le Conseil dans sa séance du 25 septembre étant épuisé, le Conseil, sur la de-mande de M. le maire, l'autorisa à en contracter un nou-veau de 2,000 fr.

## XI.

Le jeudi 17 novembre, à deux heures du soir, eut lieu l'enterrement d'un soldat bavarois appartenant à la religion catholique. A quatre heures se renouvela la même cérémonie pour un soldat de la garde mobile de la Sarthe, décédé à l'ambulance de la caisse d'épargne. Quatre soldats, commandés par un sous-officier, escortaient le cercueil ; quatre autres tenaient les cordons du drap mortuaire ; tous les militaires présents à Beaugency suivaient le convoi, qu'accompagnaient en outre M. le juge de paix, M. le maire et plusieurs habitants notables de la ville. Dans une courte et chaleureuse improvisation, M. Delahaye adréssa un dernier adieu à l'un des braves de cette armée de la Loire sur laquelle on croyait alors que reposait le salut du pays, et qui trompa nos espérances.

Le vendredi 18, furent conduits à Tours onze prisonniers bavarois, sous l'escorte de quatre gardes nationaux de Beaugency, commandés par un lieutenant.

Le samedi 19, les habitants de Beaugency virent avec un bonheur qui ne devait pas durer leur marché reprendre sa physionomie ordinaire : le marché était garni de sacs de blé et d'avoine ; la place du Petit-Marché de denrées de basse-cour ; les acheteurs recommençaient à paraître dans les magasins, et les récents succès de l'armée de la Loire semblaient avoir ramené la confiance.

M. le maire avait annoncé pour le dimanche 20 novembre l'adjudication au rabais des travaux de la passerelle du pont. Un seul soumissionnaire se présenta, M. Lacoste-Martin, charpentier à Beaugency; il offrit un rabais de six centimes pour franc, et fut déclaré, en conséquence, adjudicataire des travaux. On lui imposa l'obligation de les terminer le 30 décembre 1870, sous peine d'une indemnité de 25 fr. par chaque jour de retard, en lui promettant la même indemnité par chaque jour d'avance. M. Lacoste-Martin se mit immédiatement à l'œuvre et commença par construire la cabane du péageur. Les événements qui suivirent s'opposèrent à ce qu'il pût continuer ses travaux.

Le mercredi 23, l'intendance générale du 17e corps d'armée vint s'établir à Beaugency, dans la maison de M. Sebille père, pour recevoir et diriger sur l'armée de la Loire les munitions de guerre et les provisions qui lui étaient destinées, arrivant journellement par des trains spéciaux du chemin de fer. La plus grande animation régnait à la gare, encombrée par de nombreuses voitures partant à chaque instant avec leur chargement, après avoir été enregistrées et estimées en cas d'événement par l'intendance militaire.

Le jeudi 24, les dames de Beaugency adressèrent l'appel suivant à leurs concitoyennes :

« Un noble exemple vient de nous être donné par les
« dames d'Orléans. Nous proposons à nos concitoyennes
« de le suivre et de nous former en comité pour procurer
« aux soldats, aux gardes mobiles ou mobilisées de Beau-
« gency, ainsi qu'à tous ceux que nous regardons comme

« nos enfants d'adoption, pour les avoir traités dans nos
« ambulances, les secours qui vont leur être si nécessaires
« pendant la saison rigoureuse.

« Un atelier de confection de ceintures de flanelle, de
« bas de laine, de vêtements chauds, et de tout ce qui peut
« constituer la layette du soldat en marche ou prêt à re-
« tourner sur le champ de bataille, serait établi à l'ouvroir
« de la Maternité, et nous invitons toutes les femmes de
« Beaugency qui peuvent disposer de quelques heures de
» travail à venir nous y aider de leur concours.

« Nous faisons également un appel à toutes les âmes
« généreuses pour les dons en argent, qui permettront
« d'acheter les matières premières, et nous recevrons
« avec reconnaissance tous les objets en linge ou vête-
« ment qu'on voudra bien nous offrir.

« La première réunion du comité aura lieu demain 25,
« à l'ouvroir, à deux heures après midi, et nous croyons
« pouvoir compter assez sur le patriotisme de nos conci-
« toyennes pour espérer qu'elle sera nombreuse. La liste
« des donateurs ou des donatrices sera imprimée tous les
« dimanches dans le journal de Beaugency, à moins qu'on
« ne désire garder l'anonyme. »

Ce chaleureux appel était signé par MMmes Delahaye,
Poinceau, Huguier, Vialay, Arsène Benoist, Venot, Dari-
dan, Denizet, Lemery, F. Lorin de Chaffin, Gaudry, et par
MMlles Pellieux, Pasquier, Boullier et Bouveret.

Il fut entendu, et le 25, à l'heure fixée, eut lieu la première réunion du comité, dans laquelle on s'occupa de son
organisation. Les événements qui suivirent ne permirent
pas d'en avoir une seconde.

Le samedi 26, l'intendance générale du 17ᵉ corps nous quitta pour aller s'établir à Châteaudun, et, dans la même journée, nous arriva un détachement d'artilleurs fort de 225 chevaux, et suivi de 30 caissons de munitions de guerre.

———

## XII.

Dimanche 27, dans l'après-midi, l'arrivée subite des francs-tireurs d'Indre-et-Loire, de mobiles et de soldats isolés de tous les corps, jeta l'alarme dans Beaugency. Nous ne tardâmes pas à apprendre qu'à la suite d'un engagement heureux aux environs de Brou, nos troupes se trouvant en présence de forces supérieures, avaient été obligées de se replier sur leur camp, près de Châteaudun. Dans la nuit du 26 au 27, le général fit allumer les feux de bivouac comme à l'ordinaire, afin de tromper l'ennemi ; puis, entre dix et onze heures du soir, il ordonna de lever le camp, et nos soldats battirent en retraite, à travers champs et à marche forcée, sur Saint-Laurent-des-Bois, semant sur leur route une foule de traînards qui poussèrent jusqu'à Beaugency. Un bataillon de chasseurs à pied, venant de Grenoble, arriva sur les six heures du soir, et, dans l'impossibilité de lui procurer des billets de logement, on le dispersa dans toutes les granges vides de la ville. Il y avait alors plus de 3,000 hommes à Beaugency, l'intendance générale et ses voitures revenues de Châteaudun.

Le maire de Beaugency envoya une dépêche télégraphique au général commandant à Blois, pour lui signaler la présence dans notre ville d'un grand nombre de militaires isolés et d'un bataillon de chasseurs à pied. On lui répondit d'attendre de nouveaux ordres pour les premiers, et de diriger les chasseurs sur le quartier-général du 17e corps, établi à Saint-Laurent-des-Bois.

Lundi matin, 28 novembre, par ordre du général d'Aurelles de Paladine, commandant en chef l'armée de la Loire, tous les militaires isolés, formés en détachement, furent envoyés à Saint-Laurent-des-Bois.

Le même jour, à dix heures du matin, passèrent à Beaugency, par un train spécial du chemin de fer, MM. Crémieux et Glais-Bizoin, se rendant au quartier-général de l'armée de la Loire. Le premier, se croyant sans doute encore au palais, prononça de beaux discours qui s'en allèrent en fumée. Ces Messieurs retournèrent à Tours dans la soirée.

L'ennemi s'approchant de Châteaudun, on fit évacuer à la hâte tous les militaires malades ou blessés qui s'y trouvaient, et ils arrivèrent à Beaugency au nombre d'environ 300. On les dispersa dans les ambulances de la ville et dans les maisons particulières, qui s'ouvrirent pour les recevoir avec un empressement honorable pour nos concitoyens de toutes les classes.

A onze heures, une voiture d'ambulance de la garde nationale de Marseille fit son entrée dans Beaugency. Quelques instants après, nous vîmes défiler sur la place de la mairie une cinquantaine de francs-tireurs de l'Algérie, dont l'excellente tenue et l'air martial furent particulièrement remarqués. On les logea tous dans la maison inoccupée de Mme Bousseau, sur le Martroi. Une centaine de cuirassiers, conduisant des chevaux malades, furent envoyés à Tavers.

Quarante francs-tireurs d'Indre-et-Loire, venant de

Châteaudun, étaient arrivés en désordre à Beaugency dans la journée du dimanche 27. Ils réclamèrent à la mairie des billets de logement et des vivres, qui leur furent refusés avec raison, comme ne pouvant justifier d'une feuille de route régulière. Leur conduite, au dernier combat de Brou, inspirait d'ailleurs peu de sympathie. Ils se vantaient hautement de n'avoir pas voulu garder les positions qui leur avaient été indiquées par le général commandant le 17e corps d'armée, sous le prétexte qu'ils n'avaient d'ordre à recevoir que des chefs élus par eux. Cet acte d'insubordination, dont plusieurs compagnies de francs-tireurs donnèrent malheureusement l'exemple, prouva la nécessité de réformer l'institution, pour la faire rentrer dans l'armée régulière.

Le mardi 29, à huit heures du matin, eut lieu sur la place de la Mairie la revue de tous les militaires en état de partir, et qu'on dirigea, les uns à pied, les autres en voiture, sur le camp de Saint-Laurent-des-Bois. Les francs-tireurs de l'Algérie les y suivirent. Quant à ceux d'Indre-et-Loire, ils restèrent pendant cinq jours, se promenant le fusil sur l'épaule dans les rues de Beaugency, fatiguant l'administration municipale de leurs réclamations, et maintenant la singulière prétention de ne retourner sur le champ de bataille qu'autant qu'on leur fournirait des canons, et qu'on les laisserait libres d'agir comme ils l'entendraient. Enfin, le sixième jour, le maire de Beaugency provoqua et obtint l'ordre formel de leur faire quitter la ville.

Dans les journées des 29 et 30 novembre, arrivèrent à Beaugency une foule de militaires isolés, blessés ou éclopés pour la plupart. On les logea partie au grand bal, partie dans les granges, en leur fournissant les vivres dont ils avaient besoin.

Les artilleurs et les cuirassiers en séjour à Beaugency et à Tavers en partirent le mercredi 3, pour se rendre à Coulmiers, où devait être établi le quartier-général de l'armée de la Loire.

Trois décrets de la délégation du gouvernement, en date des 2, 7 et 25 novembre 1870, avaient appelé les gardes nationaux mobilisés à l'élection de leurs officiers pour le jeudi 1er décembre, à deux heures après midi. Beaugency devait être le lieu de la réunion de la deuxième compagnie, comprenant le contingent de Tavers, et Baule de la troisième, formée des contingents de Baule, Messas, Cravant, Lailly et Villorceau. La liste des jeunes gens appelés s'élevait pour Beaugency à 91, pour Tavers à 31; total, 122. Mais elle se trouva considérablement réduite par le nombre de ceux qui avaient devancé l'appel, en s'engageant dans les différents corps de l'armée, et surtout dans les transports; 55 seulement se réunirent à l'Hôtel-de-Ville de Beaugency, où les élections eurent lieu dans le plus grand ordre, sous la présidence de M. Huguier, premier adjoint, assisté de MM. Lorin de Chaffin et Gagé, membres du conseil de recensement. Par suite de scrutins successifs, furent élus :

*Capitaine* à l'unanimité des suffrages, M. Pascal Corneau; *lieutenant*, M. Eusèbe Vezin; *sous-lieutenant*, M. Valentin Fermé.

Dans la troisième compagnie, dont le siége de la réunion était à Baule, furent élus :

*Capitaine*, M. Charles Venot, de Lailly; *lieutenant*,

M. Auguste Rousseau, de Baule ; *sous-lieutenant,* M. Désiré Gaillard, de Messas.

L'élection du chef de bataillon devait avoir lieu à Orléans le dimanche 4 décembre. Les événements subséquents empêchèrent les deuxième et troisième compagnies d'y prendre part.

## XIII.

Vendredi matin, 2 décembre, le bruit se répandit tout à coup dans Beaugency que Paris était débloqué. On y ajoutait des circonstances qui rendaient ce bruit invraisemblable, puisqu'on prétendait que l'armée sortie de Paris avait donné la main à l'armée de la Loire.

Dans la même journée, le canon se fit entendre à Beaugency, sans interruption, de huit heures du matin à cinq heures du soir; et nous restâmes le samedi 3 décembre dans une profonde anxiété, ne recevant ni journaux, ni lettres particulières qui pussent nous éclairer sur les événements qui se passaient autour de nous. Le service des voyageurs et des dépêches fut interrompu pendant vingt-quatre heures sur la ligne d'Orléans à Tours, et les nombreux trains du chemin de fer qui traversaient à chaque instant notre gare étaient employés exclusivement au transport des vivres et des munitions de guerre destinés à l'armée de la Loire.

Le *Moniteur universel*, distribué à cinq heures du soir, jeta quelque jour sur la situation. Nous apprîmes qu'en effet, dans une sortie effectuée les 29 et 30 novembre, deux corps de l'armée de Paris, commandés par les généraux Trochu, Ducrot, Vinoy et l'amiral de La Roncière, avaient réussi à percer la ligne d'investissement; que l'un de ces corps s'était avancé sur Châtillon, et l'autre vers Fontainebleau; que trois sanglantes affaires, dans lesquelles nous avions fait éprouver à l'ennemi des pertes considérables, avaient eu lieu le 3 décembre dans les environs de Vincennes. Puis le voile retomba sur nos yeux, et nous n'entendîmes plus parler de l'armée de Paris. Un journal allemand, laissé dans son logement par un officier prussien, nous fit connaître seulement que le général Trochu avait été repoussé de la position qu'il occupait à Marolles, et forcé de rentrer dans l'enceinte des fortifications de Paris.

Les 1er, 2 et 3 décembre, les 16e et 17e corps, sous les ordres du général Chanzy, eurent à soutenir de sérieux combats contre les Prussiens, à quelques kilomètres de Beaugency; le résultat de la première journée fut nul. Dans la seconde, nos troupes, forcées de se replier le matin, reprirent l'avantage dans la soirée. Dans la troisième, elles ne purent résister au nombre, comme à la formidable artillerie de l'ennemi, et commença le soir du 3 décembre une retraite qui se changea en déroute complète dans la matinée du 4.

Sur les deux heures, commencèrent à nous arriver des soldats blessés dans les précédents engagements. On en distribua une partie dans les diverses ambulances, et on dirigea le surplus sur Avaray et Mer.

A six heures, débarquèrent du chemin de fer trois bataillons des gardes mobiles de l'Isère, commandés par un lieutenant-colonel, puis le troisième bataillon des chasseurs à pied. Ces troupes furent envoyées à Josnes, à Cravant et à Messas.

Dans les journées des 3 et 4 décembre, nous assistâmes au triste spectacle d'une armée à la débandade. Nos places et nos rues étaient remplies de soldats isolés et dans la plus complète démoralisation. Le maire de Beaugency fit publier un avis pour engager les citoyens à tenir leurs portes ouvertes, pour recevoir une division de vingt mille hommes qu'on attendait, et qui n'arriva qu'en partie. Beaugency fut traversé pendant deux jours par plus de trente mille hommes, logés dans les maisons particulières, par groupes de vingt à soixante. Il en résulta une charge énorme pour les habitants, et chacun la supporta avec un courage qui nous abandonna quand, plus tard, nous en eûmes autant à souffrir des Prussiens.

L'indisposition de M. Delahaye avait momentanément rejeté le fardeau de la situation sur ses adjoints, MM. Huguier et Duhamel, qui, ne pouvant suffire aux plaintes, aux réclamations, aux réquisitions qui leur arrivaient de toute part, étaient littéralement sur les dents, et furent deux jours de suite sans pouvoir se coucher.

Le dimanche 4 décembre, nous fûmes dans la plus grande inquiétude par rapport à Orléans. Nous savions que la ville était défendue par l'armée du général d'Aurelles, des pièces de siège et une nombreuse artillerie. Nous nous attendions à entendre d'un moment à l'autre gronder le canon, et le silence qu'il gardait nous semblait d'un mauvais augure.

Sur la promesse du général d'Aurelles de tenir dans Orléans, le ministre de la guerre, M. Gambetta, partit de Tours le 4 décembre à midi, pour se rendre à Orléans, afin d'encourager les troupes à la résistance. Arrivé à la hauteur de La Chapelle, il trouva la voie embarrassée par des madriers, et un poste prussien placé en embuscade tira sur le train qui rebroussa chemin à toute vapeur. M. Gambetta s'arrêta à la gare, où il eut quelques minutes d'entretien avec le maire de Beaugency qui, malgré son état de souffrance, s'était arraché de son lit pour le recevoir.

Une dépêche affichée à Tours dans la matinée du 6, et qui nous parvint le même jour à Beaugency, nous apprit qu'Orléans, menacé d'un bombardement, s'était rendu à discrétion; que les troupes françaises avaient abandonné la ville, et que les Prussiens, ayant à leur tête le prince Frédéric-Charles, y étaient entrés dans la nuit du 5 au 6. Avant de partir, le général d'Aurelles avait encloué ses pièces de siége, détruit les poudres et les munitions de guerre. Il était autorisé, du reste, par M. Gambetta à prendre le parti qui lui semblerait le plus convenable, comme étant plus à même de juger sur les lieux la véritable situation des choses. Quelques jours après, le général d'Aurelles donna sa démission, sans que nous en puissions connaître les motifs. L'opinion publique l'accusait de s'être endormi sur les lauriers de la bataille de Coulmiers, et de n'avoir pas marché en avant pour chercher à rejoindre l'armée de Paris. Le pouvait-il?

La même dépêche parlait des engagements du 3 décembre autour de Paris, mais sans préciser sur quel point ils avaient eu lieu, ni quel en avait été le résultat. Le silence qu'elle gardait à cet égard était d'un mauvais augure.

Le lundi 5 décembre, une garde avancée de douze cents gendarmes avait été postée en avant de Meung, sur la route, n'ayant pour s'éclairer qu'un faible peloton de lanciers; aussi fut-elle surprise au moment où se faisait la distribution des vivres, par une forte colonne ennemie soutenue par de l'artillerie, et qui pénétra dans l'intérieur de Meung. Les gendarmes se reformèrent avec l'aplomb de vieux soldats, accueillirent les Prussiens par une fusillade bien nourrie, en tuèrent plusieurs dans la cour de l'hôtel de France, et parvinrent à les déloger des maisons de la ville, dont ils avaient commencé à s'emparer. Ils conservèrent leur position toute la journée; mais, attaqués le lendemain par des forces supérieures, ils furent obligés de se replier d'abord sur Meung, puis sur Beaugency, après avoir eu une vingtaine d'hommes dont trois officiers, tués ou blessés. Ces derniers furent évacués sur Beaugency.

Il y avait alors à Meung un corps de quatre à cinq mille mobiles appartenant au département d'Indre-et-Loire, qui, au lieu de marcher au secours des gendarmes, s'arrêtèrent à Foisnard.

Dans la matinée du même jour, le 8ᵉ régiment de hussards, commandé par le colonel Guyon, arriva dans Lailly et en partit dans la soirée pour aller coucher à La Ferté-Saint-Cyr.

Le lendemain, un détachement de uhlans venu en reconnaissance s'avança jusqu'au hameau des Trois-Cheminées; mais, repoussé par le feu de quelques traînards français, il se replia en désordre sur Orléans.

Le 6 décembre, le 16ᵉ corps de l'armée française occupait les positions du Bardon et de l'Anglochère, qu'il abandonna pour se replier sur Foisnard, Villeneuve, la ferme de la Bourie, Messas et les vignes environnantes. Meung était tombé au pouvoir de tout un corps d'armée et d'une formidable artillerie, qui prit position sur le talus du chemin de fer et sur la grande route, tandis que le 16ᵉ corps, se retranchant à Foisnard, s'apprêtait à soutenir la lutte.

L'action commença le matin par quelques escarmouches sans importance. Nos colonnes d'attaque se composaient de chasseurs à pied, de mobiles et de chasseurs à cheval; l'action s'engagea sérieusement à huit heures et demie : les Prussiens étaient à 2,000 mètres de Meung, les Français à

100 mètres de Foisnard. A neuf heures, nos troupes démasquèrent une batterie placée sur la grande route, et par un feu bien soutenu parvinrent à détruire quelques ouvrages avancés aux portes de Meung et à éteindre le feu des lignes prussiennes. Une autre batterie de mitrailleuses, établie sur la grande route et soutenue par un bataillon de chasseurs à pied, démonta une demi-batterie ennemie ; mais bientôt les Prussiens, faisant avancer leur réserve d'artillerie, démontèrent à leur tour la batterie de mitrailleuses française.

La canonnade continua sans relâche jusqu'à quatre heures, et ne cessa des deux côtés que faute de munitions.

De quatre à cinq heures, nos troupes battirent en retraite en bon ordre, se replièrent sur Messas, Chatres, Beaumont et Villorceau, laissant un détachement pour occuper Foisnard. Les Prussiens n'essayèrent pas de les poursuivre, mais suivant leur tactique habituelle, s'étendirent en demi-cercle, pour envelopper les Français.

La journée du 6 ne fut donc ni une victoire, ni une défaite, mais un combat d'artillerie dans lequel notre infériorité nous fit succomber.

On s'est demandé avec raison pourquoi les troupes nombreuses échelonnées de Beaugency à Messas ne prirent aucune part au combat du 6. Hélas ! il faut bien le dire, c'est qu'il n'y avait ni ordre, ni direction dans les mouvements de notre armée, dont les chefs montraient, en général, plus de bravoure que de capacité militaire.

Le 7, dans la matinée, le village de Foisnard fut enlevé par les Prussiens, malgré la résistance opiniâtre du bataillon de chasseurs à pied qui le défendait, et éprouva des pertes sensibles. L'armée ennemie, composée de contin-

gents bavarois et mecklembourgeois, commandée par le
grand-duc de Mecklembourg, se porta sur le hameau de
Beaumont, qui devint le théâtre d'un combat terrible. A la
suite de feux de pelotons parfaitement exécutés, nos troupes
démasquèrent des batteries de mitrailleuses, qui firent un
tel ravage dans les rangs du contingent bavarois, qu'il fut
obligé de plier ; et s'il avait été alors poursuivi par notre
cavalerie, sa retraite se serait changée en déroute complète. Malheureusement on donna au contingent mecklembourgeois le temps d'arriver à son secours, et la victoire,
que nous tîmes un moment, nous échappa dans la soirée.

Toutes les maisons du hameau de Beaumont eurent plus
ou moins à souffrir des conséquences de ce combat. Le
maire de Cravant vit la sienne dévastée de toutes parts ; ses
cours, ses jardins et son parc encombrés de morts et de
mourants. Il eut en outre à supporter la perte de son matériel d'exploitation, de ses récoltes et de son mobilier. La
plupart de ses voisins éprouvèrent le même sort. Au château de Lais, on se battit jusque dans le salon du propriétaire. A Launay, à Cravant, à Chatres, à Rilly, un
grand nombre de bâtiments devint la proie des flammes ;
du malheureux village de Villejouan, ne restèrent debout
que quelques maisons. La lutte fut tellement acharnée, que
les obus, les balles, les boulets, les débris d'armes couvraient au loin la terre, comme s'ils avaient été semés ; et
quinze jours après, les habitants de la commune de Cravant
et des communes voisines recueillaient ces tristes épaves
pour les vendre au poids. On aura peine à le croire, il se
vendit dans Beaugency, à raison de 28 c. le kilog., plus
de 30,000 kilog. de plomb, sans compter la fonte.

Le 6 décembre, à deux heures après midi, était descendu

du chemin de fer le 23e régiment de ligne, 36e de marche, fort d'environ 4,000 hommes, et composé en grande partie d'anciens et braves militaires ayant fait la campagne de Crimée. Il était à Vendôme, et pour l'envoyer à Beaugency, l'autorité militaire trouva plus expéditif de le diriger par Blois, et de lui faire perdre deux jours en chemin de fer. Il campa toute la nuit sur les hauteurs des champs de Veau; puis le lendemain 7 décembre, au lieu de le faire partir pour Beaumont, où sa présence aurait pu nous assurer la victoire, on lui donna l'ordre de retourner à Blois à travers champs. Telles étaient les tristes conséquences d'avoir pour ministre de la guerre un avocat, qui commit à lui seul plus de fautes que tous les généraux du second empire.

Le même jour 7 décembre, arriva sur les neuf heures du matin, par un train de chemin de fer, le colonel Fourchault, qui s'annonça comme envoyé en parlementaire par le ministre de la guerre auprès du prince Frédéric-Charles, et mit en réquisition le cheval et la voiture de M. Lorin de Chaffin. Précédé d'un trompette portant un drapeau blanc, il partit sur les midi pour sa destination. Un mot, qui lui échappa au moment où il montait en voiture, permettait de croire qu'il était chargé d'une mission de paix; mais cet espoir fut bientôt démenti par la suite des événements.

De l'autre côté de la Loire, l'armée ennemie, composée de plusieurs corps d'infanterie, de cavalerie et d'artillerie, occupa tous les points de la commune de Lailly. L'artillerie prussienne prit position sur la rive gauche, en face de Beaugency. Le maire de Lailly et M. le baron de Tremoy, faits prisonniers, furent gardés à vue dans le château de Fontperthuis. A dix heures du soir, les feux insensés allumés dans toutes les cheminées se communiquèrent à la maison de M<sup>me</sup> la comtesse Eudoxie de Lorge. Le maire et M. de Tremoy demandèrent au général d'envoyer des soldats pour aider à combattre l'incendie. Un major en reçut l'ordre ; mais voyant que les habitants, retenus chez eux par la crainte du pillage, n'étaient accourus qu'en très-petit nombre, il répondit au maire que travailler au feu était l'affaire des citoyens de la commune, et non celle de ses soldats. Quatre d'entre eux pourtant semblèrent s'y employer de bon cœur, tandis que les autres ne s'occupèrent qu'à piller et à emporter le mobilier sauvé des flammes.

Dans la matinée, quelques cavaliers prussiens se montrèrent sur la rive gauche de la Loire, et échangèrent des coups de fusil avec les gendarmes qui gardaient la rive droite. Un de ces cavaliers eut l'audace de s'avancer jusqu'à la croix du pont, et essuya, sans en être atteint, le feu de quarante coups de fusil, ce qui ne faisait pas honneur au tir de nos soldats, car il était à peine à 150 mètres d'eux.

Tout autour de Beaugency étaient placées des batteries de canons françaises. Il y en avait entre autres une derrière l'abattoir, dont les feux devaient être dirigés sur Vernon.

Les troupes campèrent dans la ville et aux environs, avec défense expresse d'entrer dans les maisons. Un avis publié par le maire engageait tous les citoyens à ne pas accueillir chez eux des traînards et des peureux, qui étaient la honte de l'armée.

Les communications furent interrompues de nouveau avec Mer, et plusieurs de nos concitoyens, qui avaient tenté de fuir de ce côté, furent obligés de rentrer à Beaugency.

A chaque instant nous arrivaient des blessés, qu'on

transportait dans les diverses ambulances, et on s'empressait de faire évacuer à la hâte les approvisionnements de toute sorte que contenait la gare.

Plusieurs batteries d'artillerie, commandées par l'amiral Jauréguiberry, vinrent s'établir au levant du bourg de Messas, mais se replièrent bientôt après sur Beaugency, sans tirer un seul coup de canon.

Le mardi 6 décembre, à quatre heures du soir, l'amiral Jauréguiberry, commandant une des divisions du 16e corps, vint établir son quartier-général au presbytère de Villorceau. Dans la nuit du 6 au 7, il reçut de la délégation de Bordeaux le titre de général en chef. Le même jour, il écrivit à l'un des généraux qui se trouvait à Beaugency le billet suivant, tracé au crayon :

« Mon cher général,

« Je viens, par ordre du ministre de la guerre, de « prendre le commandement du 16e corps.

« J'apprends en même temps que vous êtes à Beau-« gency dans une situation qu'on m'a dit être très-pré-« caire. »

Le billet s'arrêtait là, et nous ignorons même s'il parvint à son adresse.

L'artillerie du 16e corps était placée entre la mairie et le presbytère; celle du 17e entre les hameaux de Loynes et le bourg de Villorceau. Il y avait environ 25,000 hommes échelonnés dans toute l'étendue de la commune. Le lieutenant-colonel Paul Pereira occupait, avec son brave régiment, la ferme de Villevert.

Le mercredi 7, à une heure et demie, on entendit gron-

6.

der le canon dans la direction de Meung. L'amiral Jauréguiberry fit aussitôt prendre les armes à ses soldats, et
l'ordre du jour suivant fut publié à la tête des régiments :

« Si les troupes sont obligées de se replier, elles se for-
« meront en colonnes, une batterie entre chaque colonne
« et un peu en avant. On marchera avec lenteur, et on se
« couvrira du côté des ennemis d'une forte ligne de tirail-
« leurs, qui devra être au moins à 600 mètres. Les chefs
« de corps et officiers apporteront le plus grand soin à ce
« que le mouvement s'opère avec le plus grand ordre. Si
« on a besoin de s'arrêter pour repousser une attaque un
« peu vive, on n'exécutera d'autre mouvement qu'un demi-
« tour, qui fera naturellement tourner les troupes face à
« l'ennemi. »

Trompé par de faux rapports, l'amiral Jauréguiberry
croyait les Prussiens entrés au Mée, à deux kilomètres de
Villorceau. M. le curé de la paroisse offrit d'aller s'en assurer, et rapporta la nouvelle qu'à la suite d'un vif engagement au hameau de Chatres, les Prussiens s'étaient repliés
après avoir incendié les fermes de Chatres. L'amiral marcha en avant à la tête de ses troupes, et ne tarda pas à
rencontrer l'ennemi, qu'il attaqua vigoureusement.

Dans la soirée, le général Chanzy vint de Josnes, où il
avait établi son quartier-général, au presbytère de Villorceau, où il tint un conseil de guerre avec l'amiral Jauréguiberry. Le lendemain 8 décembre, à sept heures du
matin, le combat commença derrière Cravant. A onze
heures, on se battit avec fureur près de la ferme de Villevert. Les boulets et les obus plurent jusqu'à la nuit sur
le hameau de Montenolle, dont une maison fut brûlée.

L'armée française conserva ses positions, moins celle du Méo, qui fut occupée par les Prussiens. Le lendemain 9 décembre, la bataille s'engagea de nouveau sur toute la ligne ; nos troupes tinrent bon jusqu'à onze heures du matin ; mais à partir de ce moment, elles furent obligées de se retirer devant des forces supérieures, terme fatal de la plupart de nos rencontres avec l'ennemi pendant la guerre de 1870. L'amiral Jauréguiberry transporta son quartier-général au château de Cerqueux, où il ne resta pas longtemps.

Après son départ, les Prussiens se répandirent dans tous les hameaux de la commune de Villorceau : les chevaux, les voitures, les vaches, les provisions de toute nature en vin, foin, paille, blé, avoine, devinrent la proie du vainqueur, et neuf maisons furent en outre brûlées pendant les combats des 8 et 9 décembre.

Un fait que nous ne pouvons nous empêcher de signaler, parce qu'il s'est produit souvent au cours de la guerre, c'est l'ignorance de la plupart de nos officiers supérieurs sur la situation des lieux où ils se trouvaient. Tandis que les officiers prussiens avaient presque tous des cartes parfaitement dressées, indiquant les routes de toute nature, la distance d'un point à un autre, les nôtres en étaient dépourvus, se renseignaient au hasard dans chaque localité, ne savaient par quels chemins diriger leurs soldats ou leur artillerie, et commettaient involontairement de ces fautes stratégiques qui compromettent le sort d'une armée. A la première occupation d'Orléans, et alors qu'on se battait au village d'Ormes, nous avons entendu un personnage haut placé demander où était Ormes, à quelle distance il se trouvait d'Orléans, et faire d'autres questions prouvant comment il connaissait bien peu notre département.

Une autre cause de nos revers dans ces derniers temps fut l'espèce de démoralisation qui s'était emparée de l'esprit de quelques-uns de nos généraux, qui regardaient la cause comme perdue avant même d'engager la bataille. Au début des combats de Villorceau, où l'amiral Jauréguiberry se distingua par sa bravoure et s'exposa personnellement aux plus grands dangers à la tête de ses troupes, il avait donné l'ordre de faire rétrograder sur Mer les voitures de bagage, et d'arrêter à Tavers les convois de vivres et de munitions. Dans les entretiens qu'il eut au presbytère avec le curé de Villorceau, il lui fit part de ses tristes pressentiments sur l'issue du combat qu'il se proposait d'engager. Un général qui commandait à Beaugency les 7 et 8 décembre semblait avoir perdu la tête, se refusait à entendre les rapports qui lui étaient adressés, et, selon sa propre expression, *envoyait tout au diable.*

## XIV.

Le 8 décembre, à cinq heures du matin, une colonne française placée en avant de Messas se replia sur Vernon, laissant seulement 120 francs-tireurs de la Savoie, qui se répandirent dans les maisons de la Grande-Rue de Messas, depuis l'église jusqu'au quartier de Chio. Ils ouvrirent, par les croisées, un feu terrible contre les Prussiens, qui enfoncèrent les portes, incendièrent toutes les maisons où ils trouvèrent des francs-tireurs, rejetèrent dans les flammes ceux qui cherchaient à s'échapper, et ne firent aucun quartier aux autres. Un habitant de Messas, nommé Jean-Louis Rouzeau, pris pour un franc-tireur, fut immédiatement fusillé. Il y eut à cette occasion jusqu'à quatorze maisons de brûlées dans le bourg de Messas. Pendant le combat, une partie de la population s'était réfugiée dans les caves de M. Eugène Caudel, propriétaire à la Perrière, d'où elle entendait avec terreur le bruit du canon et de la fusillade, les cris des mourants et le crépitement des incendies. En voulant rentrer dans son presbytère, le respectable curé de Messas trouva trois francs-tireurs cachés dans sa cave, faillit être fusillé à diverses reprises, et n'échappa qu'à la faveur d'un déguisement qu'il fut obligé de garder tout une semaine.

Les Prussiens avaient monté, dans le clocher de Messas, une pièce d'artillerie qui en fut délogée par une batterie française placée au quartier de la Perrine, auprès de Vernon

Pendant cette journée du 8 décembre et les quatre jours qui suivirent, rien ne fut épargné : mairie, écoles, église, maisons particulières, tout fut livré au pillage ; le maire ne fut pas mieux traité que les autres ; plusieurs vignerons, emmenés avec leurs chevaux et leurs voitures, ne purent rentrer chez eux, après une absence d'une ou deux semaines, qu'en abandonnant tout.

A côté de ces scènes de désolation se plaça un épisode d'une nature moins tragique. Comme beaucoup de propriétaires, M. X... avait pris la précaution de mettre en sûreté un panier d'argenterie, en le cachant sous le parquet de sa salle à manger. Obligé de nourrir un général prussien et son état-major, il s'excusa auprès d'eux de les servir en couverts de fer et d'étain. Quelques jours après, le général s'en plaignit et demanda à M. X... de leur fournir de l'argenterie. La réponse fut négative, et le général ajouta : « Eh bien, nous essaierons ce soir d'une scène de somnambulisme qui vous aidera à trouver ce que vous ne possédez pas. » En effet, à l'issue du dîner, M. X... fut invité à se laisser bander les yeux. Il commença par refuser, croyant à une plaisanterie fort déplacée dans la circonstance ; mais, vaincu par l'insistance du général, il se résigna. L'aide-de-camp, qui remplissait dans cette comédie le rôle de magnétiseur, fit quelques passes, ordonna au sujet de se lever et de voir. M. X... se leva ; on lui arracha son bandeau, et il vit..... son panier d'argenterie dont les Prussiens avaient découvert la cachette sans qu'il s'en doutât. M. X... retrouva ainsi son argenterie, mais il n'en fut pas de même de beaucoup d'autres objets qui disparurent de sa maison pendant le séjour des Prussiens.

Pour en finir avec ce qui regarde Messas, nous dirons

que cette malheureuse commune eut à subir plusieurs fois les désastres de l'occupation étrangère. Il est pourtant un fait que la justice nous oblige à ne pas passer sous silence. Au moment du départ du 48ᵉ régiment, qui séjourna quinze jours à Messas, le colonel reunit ses officiers, ouvrit parmi eux une souscription qui produisit 124 fr., et en consacra le produit à distribuer des vivres aux familles les plus nécessiteuses.

Le 8 novembre, nous étions à la veille d'un grand danger dont nous sauva l'approche de l'armée française. Aujourd'hui, le danger était plus imminent encore, car notre ville se trouvait dans le centre même de l'action. Le plan des chefs prussiens paraissait être de tourner l'armée française, et de l'acculer sous les murs de Beaugency. Si ce plan avait réussi, un combat terrible se serait engagé dans l'intérieur même de la ville, exposée ainsi à une destruction complète. Il fut, heureusement pour nous, déjoué par le général Chanzy, qui fit battre en retraite ses troupes du côté de Vendôme, où eut lieu, quelques jours après, une sanglante bataille.

La journée du 8 décembre marquera dans les annales de Beaugency comme l'une des plus déplorables de son histoire. Pendant toute la matinée, on se battit aux portes mêmes de notre ville, et la maison de M. Gillet, charron, au haut de Saint-Nicolas, fut entièrement consumée par les flammes. A deux heures après midi commença un bombardement qu'opéraient des batteries prussiennes placées sur la rive gauche de la Loire et au nord de Beaugency. Nos concitoyens, réfugiés dans leurs caves, entendaient avec effroi le bruit sinistre des obus qui, sillonnant les airs, venaient éclater sur les maisons, dont un grand nombre furent fortement endommagées. L'église, le dépôt de mendicité, l'hospice, le presbytère, le clocher de Saint-Firmin et tous les bâtiments qui, par leur élévation, présentaient un point de mire à l'ennemi, eurent plus ou moins à souffrir. Au mépris des articles 1 et 5 de la convention de Genève, le couvent des dames Ursulines, qui avait été transformé en ambulance et renfermait 150 blessés des deux nationalités, reçut pour sa part quatorze obus qui occasionnèrent des dommages considérables et avancèrent les jours de plusieurs blessés qu'on s'était hâté de transporter dans les cryptes du couvent ; des éclats d'obus tuèrent dans la rue Impériale trois gardes mobiles, dont les corps restèrent deux jours sans être relevés ; d'autres brisèrent les jambes d'un infirmier à l'ambulance de l'école Janvier ; un obus tomba devant la porte de la caserne du dépôt, remplie de soldats blessés ; les éclats pénétrèrent par la croisée dans l'intérieur et brisèrent en morceaux un pain de sucre qui se trouvait sur la table, mais ne firent aucun mal.

Dans ces instants d'inexprimables angoisses passés au fond des caves, les minutes semblaient des heures, et les heures des siècles. Enfin, à cinq heures du soir, les obus cessèrent de pleuvoir, et chacun remonta chez soi, sans oser aller s'informer du sort de ses parents, de ses amis ; on ne savait pas dans une maison ce qui s'était passé dans la maison voisine, et un silence de mort enveloppait la ville entière.

Pendant ce temps-là, on continuait à se battre avec acharnement dans le village de Vernon que défendaient nos soldats. Les Prussiens, maîtres de Messas, y avaient disposé des batteries et commencèrent à lancer quelques obus sur les premières maisons du village, qu'ils menacèrent de bombarder à outrance s'il n'était pas évacué par les troupes françaises, qui, cédant à des forces supérieures, se retirèrent, en effet, sur les sept heures du soir. Les Prussiens occupèrent aussitôt Vernon, fouillèrent avec soin toutes les maisons, pour s'assurer s'il ne s'y trouvait pas de francs-tireurs, et profitèrent de ces perquisitions pour se livrer à des actes de pillage et de violence.

A huit heures du soir se firent entendre quelques coups de fusil isolés, auxquels répondait de temps en temps une canonnade qui dura jusqu'à minuit, et dont les Prussiens se servaient comme de signaux pour correspondre entre eux. La lune éclairait la retraite de nos soldats.

Dans la matinée du même jour, les Prussiens forcèrent le passage de Mocquebaril, où nous perdîmes un capitaine adjudant-major et trois soldats français, qui furent enterrés le lendemain à Lailly, avec le concours du clergé de la paroisse.

Dans les journées des 7 et 8 décembre furent amenés à Beaugency quatre cents soldats blessés, qu'on répartit dans diverses ambulances formées à la hâte, moins soixante réclamés par des maisons particulières, et cent trente par le propriétaire du Verger, qui transforma son château en ambulance; il y eut un moment, à Beaugency, jusqu'à quinze cents blessés de toutes les nationalités. Une ambulance principale, portant le n° 7, fut établie dans le couvent des dames Ursulines, sous la direction d'un savant et habile médecin, M. le docteur Després, qui, pendant son séjour dans notre ville, y rendit les plus grands services.

Dans la matinée du vendredi 9, les patrouilles prussiennes parcouraient silencieusement nos rues; quelques actes de pillage commencèrent à être signalés dans les rues

Impériale, des Querres, de la Maille-d'Or, du Faubourg-Porte-Vendôme. Le magasin de notre concitoyen, M. Leserre, rue de la Maille-d'Or, fut dévasté un des premiers. Quand vint la nuit, les Prussiens s'installèrent de force dans toutes les maisons.

Pendant le bombardement de Beaugency, nos soldats continuèrent à se battre avec le courage du désespoir. Forcés de reculer jusqu'à Tavers, ils en barricadèrent les approches, et le général Tripart, qui les commandait, fit de la jolie habitation de notre concitoyen, M. Henri Turpetin, le siége d'une véritable forteresse. Dans la nuit, l'armée française campa dans le bourg de Tavers et sur la ligne du chemin de fer; le lendemain 9 décembre, l'action recommença à huit heures du matin. A trois heures, quelques obus furent lancés sur les premières maisons de Tavers. A quatre heures, le général Tripart reçut de Blois un renfort de six mitrailleuses qu'il fit disposer en batterie en amont de la ferme de Mizian, en les faisant masquer par le régiment des mobiles de Loir-et-Cher. A un moment donné, les mobiles se déployèrent à droite et à gauche, découvrant les mitrailleuses, qui firent un tel ravage dans les rangs ennemis, qu'ils les forcèrent à se replier sur Josnes et sur Cravant. Pendant près de deux heures, nous entendîmes distinctement à Beaugency rouler sans interruption le bruit du canon, de la fusillade et des mitrailleuses. Le général Tripart eut un moment la pensée de marcher sur Beaugency pour en débusquer les Prussiens, et déjà ses troupes étaient arrivées jusqu'à Barchelin, où elles eurent un engagement avec un parti de cavalerie ennemie, quand, apprenant l'insuccès d'un combat qui s'était engagé près de Luçay, et craignant de se voir cerné par les forces supérieures qui se trouvaient à Beaugency, il prit le parti de se replier sur Tavers, d'où il partit le dimanche 11, à une heure du matin, pour se diriger sur Mer.

Entre Feularde et Rougemont avait eu lieu un autre combat, à la suite duquel la ferme de Rougemont fut en partie brûlée.

Dans cette fatale journée du 9 décembre, le canon gronda constamment à l'ouest de Beaugency. Les Prussiens, qui s'attendaient à être attaqués du côté de Mer, occupaient en force le cimetière, la rue Marcilly, la route de Blois et le faubourg Porte-Vendôme. Ils avaient crénelé les murs du cimetière, ceux du jardin de M. Drion, et pris tous les bois du chantier de M. Bodin, pour en faire une forte barricade sur la route. Tout nous portait à craindre qu'une nouvelle et sanglante affaire ne vînt s'engager dans l'intérieur de la ville, et l'inquiétude était à son comble.

Un Prussien fut trouvé étendu mort devant la maison de M. Delahaye; on supposa que, pris pour un Français, il avait été tué pendant la nuit par une patrouille.

Le maire de Beaugency qui, malgré le mauvais état de sa santé, avait courageusement repris ses fonctions, se plaignit vivement au commandant prussien d'un bombardement qui s'attaquait à une ville inoffensive, remplie de blessés de toutes les nationalités, et dont la plupart des maisons avaient été transformées en ambulance.

## XV.

Le samedi 10 décembre, le jour parut pour éclairer une scène de désolation : les magasins, les boutiques, les maisons particulières étaient hermétiquement fermés; on ne rencontrait dans les rues que de rares habitants portant le brassard international, et se rendant aux diverses ambulances pour soigner les blessés. Une profonde consternation se peignait sur tous les visages, car nous ne savions pas quel sort nous était réservé. Ignorant la retraite des troupes françaises, nous nous attendions à la reprise des hostilités, et nous vîmes avec étonnement la journée s'écouler sans entendre le bruit du canon et de la fusillade. Quant au marché, il n'en fut pas question, et personne n'osa s'aventurer sur nos places pour vendre ou pour acheter.

A six heures du soir, une nuée de Prussiens, infanterie et cavalerie, vint fondre sur Beaugency; les soldats frappaient violemment aux portes des maisons, s'y établissaient en maîtres par escouades plus ou moins nombreuses, et forçaient les habitants à leur céder la place. Pendant la nuit, les scènes de pillage se renouvelèrent dans plusieurs quartiers. La maison du maire lui-même ne fut pas respectée: on brisa les placards de sa salle à manger; on lui vola son linge et ses liqueurs; on pénétra par effraction dans sa cave, pour s'emparer de ses provisions de vin et d'eau-de-vie. Il eut en outre à subir de mauvais traitements, qu'il supporta avec dignité. Mais c'est surtout dans les maisons abandonnées par leurs propriétaires et locataires que les Prussiens se livrèrent aux plus grands excès. Celle de l'un de nos concitoyens, M. Lasseux, absent depuis le 19 septembre, fut du bas en haut complètement dévastée; on alla même jusqu'à brûler des meubles en acajou pour chauffer les cheminées. La maison de M. Sebille père, qu'une douloureuse nécessité retenait en Sologne, éprouva le même sort. Celles de MM. Fusil et Bougrier, place du Martroi, Lartigue et Boubou, rue de l'Ours, et d'autres que nous pourrions citer, ne furent pas mieux traitées. Le lendemain, Beaugency présentait l'image d'une ville prise d'assaut, tant les Prussiens avaient laissé dans chaque rue, dans chaque quartier, des traces de leur passage. Ce fut en vain que le maire de Beaugency et plusieurs habitants notables de la ville se plaignirent aux officiers supérieurs des excès commis par leurs soldats. On leur répondit par cette excuse banale, qu'ils étaient la conséquence de la guerre; un d'eux, logé chez M. Lorin de Chaffin, les présenta comme la juste représaille des maux que Napoléon Ier avait fait souffrir à l'Allemagne, dans la campagne de 1806. On aurait pu lui opposer ce qu'écrivait Michelet, en parlant des Allemands, à l'occasion de la guerre de 1635, sous Louis XIV :

« L'invasion des barbares du Nord ne fut pas une con-
« quête, mais un grand pillage organisé; ils retournèrent
« en Allemagne, emmenant chacun sa charge de vol, qui
« un cheval, qui un âne, qui de grosses charrettes pleines
« de butin.

« Quand ils partirent, nous pûmes triompher à notre aise
« de leur départ, mais triompher sur des ruines (1). »

En regard de la conduite des Prussiens pendant la guerre
de 1870, nous citerons ce que dit M. Thiers de l'occupation française en Prusse après la bataille d'Iéna :

« Jamais les armées ne s'étaient comportées avec moins
« de barbarie et autant d'humanité (2). »

La Prusse trouvera-t-elle un historien pour lui rendre le
même témoignage?

Le dimanche 11 décembre, à quatre heures, l'avant-
garde prussienne prit possession du bourg de Tavers; à
huit heures, elle fut suivie d'un corps d'armée de huit
mille hommes, et en un clin d'œil toutes les maisons se
trouvèrent envahies. Celles abandonnées par leurs propriétaires furent bientôt complètement dévastées, et un grand
nombre d'autres pillées en partie.

Quelques jeunes gens de Baule et de Messas s'étaient
réfugiés à Tavers, dans la rue de Foussard; dès qu'ils
virent arriver les ennemis, ils s'enfuirent à la hâte, et les
Prussiens les prenant pour des francs-tireurs firent feu sur
eux, et tuèrent le nommé Louis Blondeau, de Messas; les
autres, faits prisonniers, furent conduits devant le général
commandant à Meung, et menacés d'être immédiatement
passés par les armes, s'ils ne justifiaient pas de leur iden-
tité. Ils s'adressèrent à un marchand de vins de Meung qui,
fort heureusement pour eux, les reconnut tous pour avoir
fait des affaires avec leurs parents. Le général exigea qu'on
lui donnât leurs noms par écrit, fit l'appel auquel ils

(1) *Histoire de France*, t. XII, p. 148 et 149.
(2) *Histoire du Consulat et de l'Empire*, t. VII.

durent répondre individuellement et les rendit ensuite à la liberté.

Dans la rue des Granges, deux soldats ivres maltraitaient une pauvre femme, quand un de ses voisins accourut à son secours ; menacé par la baïonnette de l'un des soldats, il réussit à s'en emparer, la lui passa au travers du corps et le laissa pour mort. Informé de ce fait, le général ennemi jura d'en tirer vengeance, fit arrêter le maire, en exigeant qu'il lui livrât l'auteur du meurtre de son soldat. Le maire, tenu par deux hommes, fut promené dans toutes les rues du bourg, à la recherche de cet individu, qu'on avait eu soin de faire cacher, et que fort heureusement on ne put découvrir. Il fut rendu à la liberté après le départ de l'ennemi.

Les armes des pompiers, réunies par ordre du maire dans le magasin des pompes, furent livrées à un officier, qui les fit briser sur la porte de l'église, ce qui n'empêcha pas, huit jours après, un autre officier de menacer le maire de le faire fusiller s'il ne rendait pas des armes qui n'existaient plus.

Pendant l'occupation de Tavers, quelques jeunes filles de la commune eurent à se défendre, contre des soldats ivres, d'actes de brutalité qui ne furent heureusement pas mis à exécution.

La veille, un premier passage de soldats français, au nombre de 500 hommes, faits prisonniers à Chambord, eut lieu à Lailly ; et dans l'impuissance de les loger et de les nourrir, on les dirigea sur Cléry.

Le dimanche 11 décembre, à une heure et demie du matin, on entendit sonner dans les rues de Beaugency un clairon d'alarme. Aussitôt les Prussiens sortirent à la hâte de leurs logements, et se rendirent en armes sur le Martroi. Ce n'était qu'une fausse alerte, occasionnée par le mouvement des troupes françaises, qui partirent de Tavers à la même heure. Au point du jour, les Prussiens quittèrent Beaugency, laissant seulement un fort détachement pour garder la ville.

De simples messes basses furent célébrées à la paroisse, aux chapelles de l'hospice et du couvent.

A midi, nous entendîmes gronder le canon dans la direction de l'ouest, sans que nous pussions connaître le point précis et le résultat de l'engagement qui avait lieu. A sept heures, tomba dans Beaugency une nouvelle avalanche de fantassins et de cavaliers, qui se logèrent d'autorité dans toutes les maisons de la ville. L'administration municipale avait prévenu les habitants, par un avis affiché la veille, qu'étant restée étrangère au mode de logement, elle se trouvait dans l'impossibilité de faire droit aux réclamations qui lui seraient adressées.

Ce qu'il y eut de plus triste dans cette fatale soirée du 11 décembre, c'est que le pain vint à manquer dans les ambulances et dans les maisons particulières. Prussiens et habitants se pressaient aux portes des boulangers, s'arrachant en quelque sorte les pains au fur et à mesure qu'ils sortaient des fours; et presque toujours la force restait aux premiers. Aussi vit-on à Beaugency plusieurs citoyens réduits à se passer de pain pendant quarante-huit heures.

Il en fut de même sur la rive gauche, où pendant quatre jours les habitants de Lailly, manquant de pain, n'eurent pour se nourrir que du lait et des pommes de terre. Sur les vives instances du maire, le commandant de place consentit à ce qu'on distribuât des rations de pain aux familles du pays, mais après qu'on aurait pourvu aux besoins de ses soldats.

Comme pour répondre au deuil général, la ville cessa d'être éclairée la nuit depuis le jour du bombardement, le directeur de l'usine ayant pris la sage précaution de laisser échapper son gaz, pour prévenir les conséquences terribles d'une explosion. Les horloges même furent quelque temps sans marcher, et nous n'avions pas la consolation de mesurer les heures que nous trouvions bien lentes à s'écouler.

Les officiers prussiens, de passage dans notre ville, nous avaient prévenus de la prochaine arrivée du prince Frédéric-Charles; et en effet, le lundi 12, dans la matinée, ses fourriers vinrent marquer ses logements. Ils se faisaient ouvrir tous les appartements qu'ils trouvaient à leur guise, et s'emparaient sans cérémonie de ceux à leur convenance. Plus d'un habitant de Beaugency fut ainsi forcé de leur abandonner sa chambre et son lit.

A six heures du soir, le prince Frédéric-Charles, accompagné d'un nombreux état-major, descendit chez le maire. Une heure après, on publia l'ordre de faire éclairer toutes les maisons avec une lanterne. Cet ordre, qu'expliquait la nécessité d'assurer la sûreté de la circulation dans une ville privée de gaz, pouvait donner lieu à certains journaux de calomnier encore une fois notre ville, en prétendant que ses habitants avaient illuminé leurs maisons à l'occasion de l'entrée dans leurs murs d'un membre de la famille royale de Prusse.

Le prince et ses officiers dînèrent dans la salle du rez-de-chaussée du café du Commerce. Le dîner fut servi par M. Jalady; et quand le lendemain il présenta son mémoire,

7.

les fourriers se bornèrent à l'apostiller, en le renvoyant pour le paiement au maire de Beaugency.

Pendant la nuit, et malgré la présence du prince, eurent lieu de nouvelles scènes de pillage. En lisant, il y a deux mois, dans les journaux, le récit de pareils faits passés dans les départements envahis, nous étions tentés de croire qu'ils avaient chargé les couleurs du tableau ; et maintenant nous reconnaissions par notre propre expérience qu'ils n'avaient que trop bien dit la vérité. Dans les communes rurales du canton, les habitants étaient encore plus mal-traités que nous : les Prussiens enlevaient partout les che-vaux, les vaches, les moutons, les provisions de nos culti-vateurs, et chargeaient leurs charriots des objets mobiliers volés dans les maisons.

Ému par les plaintes qui lui arrivaient de tous côtés, le maire de Beaugency fit sans succès une démarche auprès de l'un des généraux de l'armée prussienne. M. Lorin de Chaffin, en sa qualité de conseiller d'arrondissement pour le canton de Beaugency, lui proposa de demander collec-tivement une audience au prince Frédéric-Charles, pour se plaindre à lui de l'indiscipline de ses soldats. M. Dela-haye refusa, d'abord parce que cette audience ne serait probablement pas accordée, et ensuite pour n'avoir pas la honte de s'humilier inutilement devant un ennemi si peu généreux. Il avait eu, comme M. Lorin de Chaffin, l'idée de formuler sa plainte dans une adresse écrite ; mais la grande difficulté était de la terminer convenablement, aucun d'eux ne voulant se dire le très-humble et très-obéissant serviteur d'une altesse royale prussienne.

Le mardi 13 décembre, à dix heures du matin, le prince monta à cheval, devant l'hôtel de Saint-Étienne, et prit la route de Blois. Dans la journée, nous eûmes à subir un nouveau passage.

Nous ne tardâmes pas à apprendre qu'après un commencement de bombardement, Blois avait pris le parti de se rendre à discrétion. Le préfet et le général, qui s'étaient vantés de résister à outrance, nous avaient traités de lâches à différentes reprises et fait insulter grossièrement par leurs émissaires dans la journée du 15 octobre, s'étaient empressés de fuir devant les menaces de l'ennemi. Avant son départ, et pour sa sûreté, le général avait fait sauter le pont de Blois, mesure qui n'eut d'autre conséquence que d'obliger la ville à le réparer à ses frais, sous peine d'une contribution de guerre.

Le mercredi 14 décembre commença, sur les six heures du matin, et continua jusqu'à une heure après midi, un défilé incessant de canons, de caissons, de charriots, prenant la route de Mer ; quatre régiments d'infanterie les escortaient, tandis que deux régiments de cavalerie se dirigèrent sur Vendôme. A midi, Beaugency fut envahi par plus de 5,000 hommes ; et ce qu'il y eut de douloureux pour nous, ce fut de voir 1,200 prisonniers français traverser nos rues sous l'escorte de soldats prussiens. On les parqua dans l'église, mais sans pouvoir leur donner des vivres en quantité suffisante. Pendant la nuit, les bedeaux réussirent à cacher dans le clocher un officier français, qui s'échappa le lendemain à la faveur d'un déguisement.

Le maire de Beaugency avait obtenu la veille que deux de nos boulangeries seraient respectées et exclusivement chargées de fonctionner pour les ambulances et la population ; mais dans la nuit les consignes furent violées, et les Prussiens s'emparèrent des farines destinées à la cuisson du lendemain, réalisant ainsi la menace que nous avait faite M. de Bismark dans une récente circulaire, d'être exposés prochainement à mourir tous de faim. Le même jour, un second passage d'environ 300 soldats, faits prisonniers à Chambord, eut lieu à Lailly, et logea dans l'église. On avait préparé, pour les nourrir, une vache, du pain et un tonneau de vin. Mais les Prussiens gardèrent la vache, se bornèrent à distribuer le pain, quelques seaux de vin, buvant le reste, et une fois ivres se livrèrent dans le bourg à un effroyable tapage.

Les prisonniers amenés à Beaugency dans la journée provenaient des combats livrés dans les premiers jours de décembre. Le lieutenant-colonel des gardes mobiles de l'Isère, malade, et recueilli par M. Lorin de Chaffin fils, en reconnut plusieurs comme appartenant à ses bataillons. Ils furent tous dirigés sur Blois.

Le jeudi 15, le pillage recommença dans plusieurs quartiers. La rue Impériale, les rues adjacentes et le faubourg Porte-Vendôme eurent particulièrement à en souffrir.

Une nouvelle troupe d'infanterie et de cavalerie occupa Beaugency dans la journée du 16, traînant à sa suite 150 prisonniers français. On les renferma dans l'église, où il fut possible de leur procurer des secours insuffisants pour tous.

Dans la soirée du vendredi 16, arriva dans notre ville le prince Albert, neveu du roi de Prusse, qui descendit chez le maire, et exigea qu'on lui fournît immédiatement un cheval et une voiture pour le conduire à Orléans, sous peine d'une contribution de guerre. A minuit, on vint frapper à coups redoublés à la porte de M. Lorin de Chaffin fils, pour mettre en réquisition sa voiture et son cheval. Il obtint avec peine qu'on attendît jusqu'au lendemain sept heures du matin, et ce fut lui-même qui conduisit à Orléans, non le prince Albert, comme il le croyait, mais le général d'artillerie Steineck, le même qui avait présidé au bombardement de Beaugency, le 8 décembre. Il apprit par lui que ce bombardement avait été la conséquence des coups de fusil tirés sur les Prussiens par les gendarmes qui bordaient la rive droite de la Loire, et que s'il avait pris pour objectif le clocher de Saint-Firmin, c'est qu'il avait remarqué plusieurs personnes l'observant du haut du clocher avec une longue-vue. Aux reproches que lui fit M. Lorin de Chaffin fils d'avoir tiré sur le couvent et sur l'hospice, il répondit que, de la distance où il se trouvait, il ignorait la destination de ces deux édifices, et qu'il changea ses batteries aussitôt qu'il apprit qu'elles étaient dirigées contre un couvent.

A son retour dans la soirée, M. Lorin de Chaffin fils courut plus d'un danger, l'obscurité de la nuit ne lui permettant que très-difficilement de faire usage du sauf-conduit qui lui avait été donné.

Le même jour, de onze heures du soir jusqu'au lendemain 18, fort avant dans la journée, commença un immense défilé de troupes de toutes armes, remontant vers Orléans. A deux heures passa l'état-major du prince Frédéric-Charles, qui était sans doute dans une voiture fermée, car on ne l'aperçut pas.

Quant au marché, il n'en fut pas question.

Le 17 décembre, le maire de Lailly obtint des chefs prussiens que sur les deux moulins existant dans la commune, il pût disposer du plus petit en faveur de ses habitants. Enfin, le 18, les Prussiens quittèrent Lailly, qui n'eut à subir, jusqu'à la fin de février, que des passages, des réquisitions et des actes répétés de pillage : 17 chevaux, 105 vaches, 10 veaux, 30 moutons, 32 porcs, 2 ânes furent la part déclarée à la mairie des pertes éprouvées par la commune, pertes dont le chiffre total s'élève, suivant les appréciations de son administration municipale, à environ 447,000 fr.

## XVI.

Le dimanche 18 et le lundi 19, continua le mouvement de troupes prussiennes sur Orléans.

Ce même lundi, une prétendue dépêche télégraphique du sous-préfet du Havre circula dans Beaugency, et, malgré son invraisemblance, fut acceptée par quelques esprits crédules. On annonçait que le comte de Bismark avait été fait prisonnier dans Versailles avec 80,000 hommes; qu'on avait pris trente canons, et que l'armée ennemie fuyait de toutes parts dans le plus grand désordre.

Cette dépêche avait été colportée en Sologne par M. Tassin, ancien député de Loir-et-Cher, et ce n'était pas la première fois qu'on berçait les populations d'espérances chimériques bientôt démenties par les événements.

Le mardi 20, de six heures du matin jusqu'à deux heures après midi, défilèrent à Beaugency, se rendant à Orléans, vingt-deux régiments d'infanterie, de cavalerie, d'artillerie et de pontonniers. Deux de ces régiments restèrent à Beaugency pour y tenir garnison; un général de division s'établit chez M. Savart; l'intendance, chez M. Sebille père; les bureaux de la poste aux lettres, dans les magasins de M. Guillon; un commandant de place et un commandant d'étape, dans des maisons particulières. Le premier soin du général fut d'intercepter toute communication entre les deux rives de la Loire, et de malheureux habitants du val, venus le matin à Beaugency, ne purent obtenir la permission de retourner chez eux.

Les journées des 20, 21, 22 et 23 se passèrent sans nouveaux incidents. Les Prussiens semblaient avoir pris leurs quartiers d'hiver dans notre ville, et nous subissions les rigueurs d'une occupation militaire.

Le vendredi 23, M. le curé de Beaugency fut requis par le pasteur protestant de mettre son église à la disposition des Prussiens jusqu'au dimanche 25 inclusivement. Il y eut en effet, ce jour-là même, à quatre heures, office protestant et sermon.

La veille de Noël est pour les Allemands, comme pour les Anglais, une grande fête, correspondante au premier de l'an en France. C'est dans cette journée que s'échangent les souhaits de bonne année, les visites et les cadeaux d'usage. Aussi, dans la matinée, les Prussiens coururent nos boutiques et nos magasins, achetant et payant, en leur monnaie, des cierges, des bonbons, des gâteaux et des colifichets de toute espèce, pour en orner leurs arbres de Noël, coupés en grande partie dans les beaux jardins de M. Drion. Rassemblés par groupes dans leurs logements, ils y célébrèrent leur fête de Noël, en invitant quelques habitants à y prendre part. On remarqua toutefois qu'à leur air de réjouissance se mêlait un profond sentiment de chagrin de ne pouvoir faire la veille de Noël au sein de leurs familles.

A sept heures, le général réunit ses officiers dans un grand dîner, qu'il leur donna chez M. Savart, et qui fut suivi du tirage d'une riche loterie dans laquelle figuraient des objets de toilette achetés à Orléans. La musique militaire joua pendant le repas, mais joua dans le désert, au grand étonnement des Prussiens, qui accusaient les habitants de

Beaugency de manquer d'oreilles, tandis qu'ils faisaient preuve d'un esprit de patriotisme en n'allant pas entendre une musique ennemie. Pendant le séjour du général prussien à Beaugency, un uhlan fut tué sur la grande route d'Orléans à Blois, vis-à-vis la maison de M. de Mainville, aux Vallées. Le général s'en vengea sur la maison, qui fut réduite en cendres, et pillée par un piquet de soldats qu'il avait envoyé.

Le dimanche 25, il n'y eut à l'église et dans les chapelles du couvent et de l'hospice que des messes basses, dont trois furent dites par le prince de Radzivil, aumônier catholique des Prussiens. L'office de ces derniers fut célébré à dix heures du matin, dans l'église paroissiale.

Un décret de la délégation de gouvernement de la défense nationale, daté de Bordeaux du 24 d'abord, puis rectifié le 25, prononça la dissolution des Conseils généraux et d'arrondissement, en se réservant le droit de remplacer les Conseils généraux par autant de membres qu'il y avait de cantons dans chaque département, membres qu'elle désignerait elle-même sur la proposition des préfets.

Dans la première rédaction de ce décret, communiquée au journal la *Gironde*, il n'était question que des Conseils généraux, en donnant pour motif que leur élection, portant l'attache de candidatures officielles, était en opposition avec les institutions républicaines.

Dans la seconde, et la seule annoncée comme officielle, la mesure était étendue aux Conseils d'arrondissement, sans qu'il fût question de pourvoir à leur remplacement.

Ainsi, la République commettait contre le suffrage universel un attentat moins excusable que celui du 2 décembre 1851 contre la représentation nationale, puisque

Napoléon III avait eu soin d'en appeler au peuple pour sa ratification, tandis que MM. Gambetta, Crémieux, Glais-Bizoin et Fourichon s'érigeaient en dictateurs absolus, sans consulter personne, pas même leurs collègues du gouvernement de Paris.

On crut alors que cette mesure avait été inspirée à la délégation de Bordeaux par la crainte que les Conseils généraux des départements envahis, se réunissant spontanément, comme plusieurs en avaient conçu le projet, ne vinssent exprimer le vœu des populations rurales de voir se conclure enfin une paix quelconque. Cruellement éprouvées par les malheurs d'une guerre impitoyable, elles trouvaient que l'Alsace et la Lorraine leur coûtaient déjà assez cher pour ne pas désirer en finir même à ce prix. L'égoïsme des intérêts personnels l'emportait sur l'intérêt national; et il en fut toujours ainsi, car nous lisons dans Montesquieu:

« Les gens de campagne, qui font la principale partie du
« peuple, ne sont pas si jaloux de la liberté; ils sont trop
« occupés et trop pleins de leurs affaires particulières. Une
« campagne qui regorge de biens craint le pillage; elle
« craint une armée (1). »

En remontant plus haut, Cicéron écrivait à Atticus:

« Pour les gens de commerce et de la campagne, tous
« les gouvernements sont égaux, dès lors qu'ils sont tran-
« quilles (2). »

Telle était notre situation à la fin de la guerre de 1870, et M. Jules Favre écrivait avec raison: « Une nation atta-

(1) *Esprit des Lois*, t. II, p. 149.
(2) *Lettres à Atticus*, liv. VII.

« quée par un ennemi puissant lutte jusqu'à la dernière
« extrémité ; mais elle est toujours juge de l'heure à la-
« quelle la résistance cesse d'être possible (1). »

Le dépôt de mendicité, à bout de ressources, allait se
trouver dans la double impossibilité de nourrir les mendiants qu'il renfermait, et de les jeter sur le pavé sans
pouvoir payer la masse due à chacun d'eux. Les membres
de la commission de surveillance, considérant la nécessité
de pourvoir aux besoins du moment, et n'ayant aucun
moyen de communiquer avec M. le préfet du Loiret,
prirent la résolution d'emprunter, sous leur garantie personnelle, une somme de 2,000 fr., pour assurer au dépôt
au moins un mois d'existence.

Le même jour, à trois heures après midi, une cinquantaine de charriots, pleins de réquisitions opérées dans la
Beauce par les Prussiens, vinrent se ranger sur la place
du Martroi, et en partirent deux heures après dans la direction d'Orléans.

La rigueur du froid qui régnait depuis quelques jours
ajoutait encore aux souffrances de la population. A défaut
du bois, qu'il devenait difficile de se procurer, les Prussiens
s'en prenaient aux meubles, aux boiseries, et jusqu'aux
toitures des maisons. Le thermomètre était descendu à
onze degrés au-dessous de zéro ; la Loire charriait d'énormes
glaçons, et la terre commençait à se couvrir d'une épaisse
couche de neige.

L'administration municipale s'efforça en vain d'adoucir
les charges de l'occupation, en les répartissant d'une manière plus égale entre tous les habitants. Les Prussiens,

(1) Manifeste du gouvernement de la défense nationale.

habitués à leurs logements, et vivant tous ensemble, ne voulurent pas les quitter.

Le 30 décembre, M. Després, directeur de la 7ᵉ ambulance française, fit évacuer, par ordre du général prussien, 50 de nos blessés sur Blois.

Le même jour, sur les dix heures du soir, un feu de cheminée se communiqua aux bâtiments de la Touanne, faubourg Porte-Dieu. Quand M. Millière, capitaine des sapeurs-pompiers, se présenta avec ses hommes pour l'éteindre, les Prussiens mirent le sabre à la main, et le forcèrent à s'éloigner.

Depuis le bombardement, les magasins et les boutiques de Beaugency étaient restés fermés, au grand mécontentement des Prussiens, qui demandaient aux habitants de rendre à la ville sa physionomie ordinaire. Ils voulaient même que l'administration municipale prît des mesures pour rétablir les marchés, offrant de payer les provisions de basse-cour qu'on apporterait, mais se réservant un droit de réquisition sur les céréales, les vins et les bestiaux. On comprend que dans de pareilles conditions, un marché était impossible. Aussi celui du 31 décembre fut-il aussi nul que les précédents.

La Saint-Sylvestre étant également un jour de fête pour les Allemands, la musique militaire joua devant la porte du général ; et les soldats, après de nombreuses libations, parcoururent la ville en chantant. On en vit pourtant plusieurs qui pleuraient de rage de ne pouvoir célébrer cette fête en Allemagne.

## XVII.

Le 1er janvier, au lieu de cette physionomie animée que présentait ordinairement Beaugency à l'occasion de la nouvelle année, toutes les maisons restaient fermées, et on ne rencontrait dans nos rues que des visages où se peignait la consternation. L'office des Prussiens eut lieu, comme à l'ordinaire, dans l'église paroissiale, fermée aux fidèles de la religion catholique. Le pasteur protestant avait adressé la veille à M. le curé de Beaugency une réquisition de quatre mille pains de communion, comptant sans doute sur la dévotion de son troupeau : deux cents à peine, leur général en tête, communièrent sous les deux espèces.

Le 2 janvier, la commission administrative de l'hospice décida qu'elle emprunterait, sous la garantie personnelle de ses membres, une somme à suffire pour faire face aux dépenses les plus urgentes. Elle traita ensuite avec son boucher de la fourniture de viande nécessaire aux besoins de l'établissement pendant la durée du mois de janvier, au prix de 1 fr. 40 le kilogramme.

Dans la nuit du 3 janvier, les Prussiens en garnison à Beaugency reçurent l'ordre de se porter en avant, les uns sur Blois, les autres sur Vendôme. Le général, son état-major, l'intendance, les bureaux de la poste aux lettres nous quittèrent, de huit heures du matin à midi, suivis de six batteries d'artillerie, dont quatre se dirigèrent sur Vendôme et deux autres sur Blois.

Le mercredi 4, arrivèrent dans la journée quatre voitures remplies de blessés prussiens, qu'on évacua immédiatement sur Orléans. A quatre heures, le prince Frédéric-Charles, venant d'Orléans à Beaugency, descendit chez MM. Lorin de Chaffin, avec quatre aides-de-camp et seize ordonnances. Ses fourriers s'étaient présentés la veille pour requérir qu'on mît à leur disposition la maison tout entière, et M. Lorin de Chaffin fils obtint avec peine qu'on respectât la chambre de sa mère, ainsi que son cabinet occupé par un officier français blessé. Le lieutenant-colonel des mobiles de l'Isère et son lieutenant, que M. Lorin de Chaffin fils avait également accueillis chez lui, furent obligés de céder la place aux aides-de-camp du prince. Deux sentinelles furent placées à la porte de la rue, deux autres dans la cour, et deux plantons sur le palier de la chambre du prince, qui prit en outre la précaution de s'enfermer à clé.

Quand la France était menacée de subir les conséquences de la guerre par la perte de deux de ses provinces, il n'était plus permis à un simple citoyen de se plaindre d'être dépossédé de sa maison.

Le jeudi 5, le prince pouvant user de son droit de conquête en demandant tout, rien ne lui fut offert par MM. Lorin de Chaffin, et il fit venir du café du Commerce, où il avait dîné la veille, tout ce qu'il lui fallait pour son déjeûner. Il partit à neuf heures et demie, laissant de son passage un singulier souvenir, et prit la direction de Vendôme, au lieu de celle de Blois, annoncée la veille par ses ordonnances.

Le même jour, arrivèrent dans l'après-midi environ cent trente soldats et un officier pour former la garnison de Beaugency. Dans la nuit, un grand nombre de charriots et de caissons traversèrent Beaugency, se rendant à Blois et à Vendôme.

Le vendredi 6, il y eut un nouveau passage d'une centaine d'hommes. On entendit distinctement, à Beaugency, gronder le canon dans la direction de Vendôme. Les bruits les plus contradictoires circulèrent à ce sujet; mais une triste expérience nous avait appris à ne plus croire à rien.

Entre cinq à six heures du soir, arrivèrent devant l'Hôtel-de-Ville une centaine de traînards prussiens, appartenant à tous les corps de l'armée; ils avaient l'air de soldats à la débandade; et comme ils semblaient se montrer exigeants, M. Duhamel, second adjoint, leur fit sentir qu'ils étaient peu nombreux, et que par prudence ils feraient bien de se tenir tranquilles.

Le samedi 7, une centaine de chasseurs, dont quelques-uns à cheval, prirent la route de Vendôme, tandis que, pendant une grande partie de la journée, défilèrent vers Blois des charriots en quantité.

Le Martroi resta vide; mais quelques vendeurs et quelques acheteurs parurent sur la place du Petit-Marché.

Le dimanche 8, vers trois heures de l'après-midi, un détachement de cent cinquante Polonais du duché de Posen vint renforcer la garnison de Beaugency. Ils placèrent un poste dans le café de M. Biellu, et échelonnèrent des sentinelles en amont et aval du pont, jusqu'à la rue aux Anes. On leur distribua des logements en ville, qu'ils refusèrent, ne voulant occuper que les maisons ayant vue sur la Loire. Les communications furent interrompues de nouveau entre les deux rives; toutefois, le commandant promit au maire de permettre le passage, dans l'intérêt des besoins de l'approvisionnement de la ville. sous la condition que les barques quitteraient le quai vis-à-vis le poste, pour revenir au même point.

Le lundi 9, le maire de Beaugency réunit à l'Hôtel-de-Ville une commission composée de conseillers municipaux et de citoyens pris en dehors du Conseil, à l'effet de recenser et de réglementer les logements militaires; cette commission divisa la ville par quartiers, et en parcourant les maisons, put se convaincre par ses yeux de la profonde misère où la guerre avait plongé un grand nombre de nos concitoyens.

Le mardi 10, à une heure, le Conseil municipal se rassembla, sur la convocation du maire. Ce dernier lui fit connaître que, pour alléger les charges qui pesaient sur une partie de la population, il était convenu avec le commandant de la garnison que pendant son séjour la ville se chargerait de la nourrir au moyen de rations de pain et de viande ; qu'en outre, à chaque billet de logement distribué aux militaires prussiens en passage serait attaché un bon de rations de 250 grammes de pain et de 125 grammes de viande par homme.

Le Conseil donna une approbation unanime aux mesures prises par le maire, et félicita l'administration municipale du zèle et du dévoûment qu'elle montrait dans des circonstances aussi difficiles.

A cinq heures arrivèrent à Beaugency, conduits par une escorte prussienne, cinq cents prisonniers français, dont plusieurs appartenaient à la population civile. On les renferma dans l'église, où le maire put leur procurer quelques rations de soupe et de pain ; il obtint l'autorisation de loger les officiers dans la maison de M. Rabier, près du pont, leur y fit servir à dîner, et apprit par eux qu'au combat qui avait eu lieu dans Vendôme, l'armée ennemie avait été très-gravement maltraitée.

Cependant le temps marchait toujours, sans entrevoir la fin des maux soufferts par nos concitoyens, et qui s'aggravaient tous les jours. Beaugency semblait être le point de jonction d'un triangle formé par Orléans, Blois et Vendôme, et il en résultait un mouvement continuel de va-et-vient, dont nous ne connaissions ni le but, ni l'issue. Aussi, de toutes les villes du département, la nôtre fut peut-être celle qui eut le plus à souffrir de l'occupation d'une garnison permanente et de passages journaliers.

Pendant la nuit, la terre se couvrit de plusieurs centimètres de neige, et la Loire recommença à charrier des glaçons.

8

## XVIII.

Le mercredi 11 janvier, à neuf heures du matin, défila dans Beaugency, se rendant à Vendôme, un régiment d'infanterie prussienne fort de cinq cents hommes, qui avait couché la veille à Meung. A quatre heures, nous vîmes arriver un nouveau convoi de trois cent cinquante prisonniers appartenant en grande partie aux mobiles de la Charente-Inférieure. On les logea dans l'église, où ils allumèrent, aux dépens des chaises, des feux de bivouac, et qu'ils laissèrent le lendemain dans le plus déplorable état; sans l'active vigilance de M. le curé, l'église aurait pu devenir la proie des flammes.

Le jeudi 12 janvier, M. le curé, encore ému des dangers qu'avait courus son église, se fit accompagner par M. Lorin de Chaffin, président du conseil de fabrique, et tous deux allèrent demander au maire et au commandant de place qu'on choisît un autre local d'internement pour les prisonniers. Leur réclamation à cet égard ne fut pas écoutée, car le même jour, à quatre heures, un nouveau convoi de trois cent cinquante prisonniers, tant de soldats de la ligne que de mobiles de la Haute-Vienne, fut encore logé dans l'église, où se renouvelèrent les scènes de la veille. Pendant la nuit, quatorze prisonniers se cachèrent dans les galeries au-dessus du chœur, et parvinrent à se sauver le lendemain.

Malgré son désir de préserver l'église des dégradations commises par les prisonniers, il était impossible à M. le maire de les loger ailleurs, faute d'un local suffisant, et l'humanité ne permettait pas de les faire bivouaquer en plein air, ce que d'ailleurs les Prussiens n'auraient pas souffert.

Le même jour, on envoya 150 hommes renforcer la garnison de Beaugency, qui fut alors portée à environ 500 soldats.

Le vendredi 13, le commandant de place réunit à l'Hôtel-de-Ville les maires du canton. Il leur fit connaître qu'à raison de l'épuisement où se trouvait Beaugency, les communes rurales seraient tenues de venir à son secours par voie de réquisitions en nature ou en argent. Les maires cherchèrent à s'en défendre, en alléguant la misère de leurs concitoyens ; mais le commandant persista à leur demander la prompte exécution de cette mesure.

Cinquante-deux prisonniers français arrivèrent dans la soirée et furent internés dans l'église de Saint-Étienne.

Le samedi 14, un nouveau passage de 1,200 prisonniers français encombra encore une fois l'église paroissiale et l'église de Saint-Étienne. Il y en eut en outre près de 1,500 renfermés dans l'église et les maisons d'école de Vernon. Aucun dégât n'eut lieu dans l'église de Vernon, par la raison bien simple que les prisonniers étaient tellement serrés les uns contre les autres, qu'ils pouvaient à peine se mouvoir.

Le marché aux denrées de basse-cour fut mieux approvisionné que le précédent. Quant à la place du Martroi, elle resta vide, comme toujours.

Le dimanche 15, au moment de leur départ, onze prisonniers français réussirent à s'échapper de l'église de Saint-Étienne.

Le passage d'une colonne de deux mille hommes avait été annoncée dans la journée. Elle arriva en détail de onze heures du soir à une heure du matin, et ne put faire usage des billets de logement qu'on lui avait préparés. Les soldats se répandirent dans la ville, frappant à toutes les portes et brisant celles qui tardaient à s'ouvrir. La nuit fut cruelle à passer pour un grand nombre de nos concitoyens.

Pendant le séjour des prisonniers français à Beaugency, tous ceux qui eurent le bonheur d'échapper aux Prussiens rencontrèrent dans tous les rangs de la société le plus grand empressement à favoriser leur évasion. C'était à qui leur fournirait des déguisements, de l'argent et les moyens de gagner la rive gauche de la Loire. La population, impuissante à résister par la force des armes, témoignait ainsi de son esprit national, et chaque soldat qu'elle faisait évader lui semblait une victoire remportée sur l'ennemi.

Divers faits se produisirent à cette occasion.

Un zouave, qui avait réussi à gagner les combles de l'église, eut la constance d'y rester pendant quarante-huit heures sans manger. Après le départ de l'escorte prussienne, on eut beaucoup de peine à le faire descendre, et il échangea son uniforme contre une blouse et un pantalon que lui donna un de nos concitoyens. Un chasseur à pied, couché dans une stalle du chœur, contrefit si bien le malade, qu'après quelques bourrades, les Prussiens le laissèrent tranquille. Il se rendit au dépôt de mendicité, voulut payer l'hospitalité qu'il y reçut, et offrit même de l'argent pour aider ses camarades à se sauver. Un autre, profitant d'un enterrement qui avait eu lieu le matin, se glissa sous le catafalque dressé dans le chœur, au grand effroi des bedeaux, qui ne s'attendaient pas à trouver un vivant succédant à un mort. Plusieurs se cachèrent dans une espèce de crypte, sous les fonts baptismaux. Deux furent si bien déguisés en femmes par les dames du faubourg Porte-Vendôme, qu'en cas de rencontre des Prussiens, ils couraient le risque de les voir leur faire la cour. Enfin nous n'en finirions pas si nous voulions décrire toutes les ruses employées par nos soldats pour reconquérir leur liberté.

C'était presque toujours au Tertre qu'avait lieu le passage des évadés.

Il est regrettable d'ajouter que des officiers français, auxquels on offrit des déguisements pour s'échapper, refusèrent, préférant rester prisonniers plutôt que de courir de nouveau les hasards de la guerre, et que parmi les soldats qui parvenaient à s'échapper, bien peu manifestaient l'intention de retourner à leur corps. Nos revers réitérés semblaient avoir éteint en eux ces élans de courage, cet esprit militaire que nous signalions plus haut.

Dans la nuit du dimanche au lundi, commença un dégel qui fit succéder aux rigueurs du froid les inconvénients de l'humidité.

A deux heures, un régiment d'infanterie prussienne, fort de 900 hommes et venant d'Orléans, prit position devant l'Hôtel-de-Ville, demandant le logement et les vivres. Le maire fit observer au colonel que l'état d'épuisement où se trouvait la population de Beaugency ne lui permettait pas de satisfaire aux besoins de ses soldats, et il plaida si bien la cause de ses concitoyens, que le colonel se décida, quoique avec peine, à pousser plus loin sur la route de Vendôme.

A quatre heures, arriva un convoi de 1,200 prisonniers français, appartenant presque tous à la ligne, faits prisonniers aux environs du Mans. On les répartit dans l'église paroissiale et dans celle de Saint-Étienne. Plusieurs parvinrent à se sauver par la cour des femmes du dépôt de mendicité. Quatre autres, renfermés à Saint-Étienne, s'échappèrent par les lucarnes, aux yeux mêmes de la sentinelle prussienne qui leur fit signe de se hâter avant qu'on ne vînt la remplacer. L'escorte avait avec elle deux mitrailleuses françaises prises en même temps que nos soldats.

Le mardi 17, nouveau passage de mille prisonniers internés, comme les précédents, dans les églises, et d'une colonne de deux mille Prussiens, les uns venant de Blois pour aller à Orléans, les autres venant d'Orléans pour aller à Blois. Ils s'imposaient d'autorité dans les maisons, exigeant des vivres qu'il était impossible de leur fournir. On ne comprenait rien à ce mouvement journalier de flux et de reflux, sinon qu'il rendait de plus en plus intolérable la position de nos malheureux concitoyens.

De temps en temps nous parvenaient des journaux de Tours ou de Bordeaux, contenant la nouvelle de succès obtenus par nos troupes sur divers points du territoire. Comment y croire quand nous étions témoins tous les jours du triste spectacle de prisonniers, de canons, de mitrailleuses tombés au pouvoir de l'ennemi ?

Sur la rive gauche de la Loire, le détachement prussien campé à Cléry envoyait presque journellement des patrouilles explorer le Val et la Sologne, mais se bornait à des réquisitions de peu d'importance, et à s'informer s'il y avait dans les environs des soldats français et surtout des francs-tireurs.

Le mercredi 18, il y eut encore un passage de trois à quatre cents Prussiens et de douze cents prisonniers français, dont neuf officiers, internés comme les précédents dans les églises. Quelques-uns réussirent à s'échapper, mais il n'en restait pas moins pour nous la preuve évidente que l'armée du général Chanzy avait éprouvé des pertes considérables.

Le général prussien commandant à Orléans avait imposé à la ville de Beaugency la fourniture immédiate de deux cent cinquante paires de bottes, et en cas de retard, une amende de 5,000 fr. Le maire réunit le Conseil municipal pour lui en faire part, et il fut convenu que, tout en paraissant obéir, on chercherait à gagner du temps. Quel jours après, l'un de nos adjoints, M. Huguier, exploita si bien la bonne volonté que montrait à l'égard de Beaugency le commandant d'étape, qu'il réussit à convertir la fourniture des deux cent cinquante paires de bottes en cinquante paires de sabots.

Les Prussiens ayant rétabli pour leur usage personnel le chemin de fer d'Orléans à Blois, nous vîmes dans la journée des locomotives et des vagons traverser notre gare. Le maire de Beaugency avait été prévenu que, soit lui, soit ses adjoints, soit des habitants notables de la ville, seraient tenus, au premier ordre, de monter sur les trains pour les conduire à leur destination. Cette mesure, déjà prise sur d'autres lignes, avait pour but de prévenir des déraillements tentés par des habitants, qui auraient ainsi exposé la vie de leurs concitoyens.

Le rétablissement du chemin de fer avait pour nous cet avantage que les Prussiens en profitaient parfois pour le mouvement de leurs troupes, ce qui diminuait le nombre des passages à Beaugency. Les habitants furent autorisés à user du chemin de fer, sous la condition d'un permis délivré par l'autorité prussienne. Le prix du transport à Orléans était fixé à 6 fr., aller et retour.

Dans la même journée, défilèrent sur la grande route quatre cents charriots se dirigeant sur Blois, et à quatre heures nous arriva un convoi de 400 prisonniers français. Quelques-uns s'évadèrent dans la soirée, tant les Prussiens mettaient peu de soin à les garder.

Dans la journée du vendredi 20 janvier, on n'eut à signaler que le passage de 300 blessés prussiens, se rendant à Orléans sans s'arrêter à Beaugency.

Le samedi 21, la place du Petit-Marché fut abondamment approvisionnée en légumes, et un peu moins en denrées de basse-cour, tandis que, sur le Martroi, on ne rencontrait que des groupes isolés de cultivateurs qui n'avaient pas osé y exposer des céréales.

A trois heures vinrent se ranger sur le Martroi quarante charriots chargés de provisions de toute nature; ils étaient escortés par un corps de 1,000 hommes, venant de Lagny et se rendant à Vendôme pour aller renforcer l'armée du prince Frédéric-Charles.

Dans la soirée, des soldats prussiens exercèrent de graves voies de fait sur le jeune Fleury, de la rue des Querres, venant au secours de son père, jeté hors de son domicile à dix heures du soir et maltraité par eux. Le maire de Beaugency s'empressa d'en porter plainte au commandant de place, qui lui promit d'instruire l'affaire.

Des condamnations prononcées et exécutées à huis-clos par l'autorité prussienne sur plusieurs soldats en furent la conséquence.

Le dimanche 22, l'état déplorable où se trouvait l'église de Beaugency, l'odeur infecte qu'y avait laissé le séjour répété de tant de prisonniers, ne permirent pas d'y célébrer les offices religieux. Il n'y eut que des messes basses dites à l'autel de la Vierge, dans les chapelles de l'hospice et du couvent des dames Ursulines.

A quatre heures, nouveau passage de 700 soldats prussiens venant, comme les précédents, de Lagny, et allant à Vendôme. Une partie fut envoyée à Vernon et à Tavers.

## XIX.

Le lundi 23, nous arrivèrent encore 800 hommes de l'armée française, faits prisonniers aux portes du Mans. Le soir, une femme de Beaugency fut surprise dans l'église, cherchant à procurer des déguisements aux prisonniers pour les aider à s'évader. Elle réussit à se sauver; mais, le lendemain matin, le commandant de place, informé de ce fait, exigea que cette femme lui fût livrée, sous peine d'une contribution de guerre de 8,000 fr. En satisfaisant à cet ordre, le maire de Beaugency obtint par ses instances qu'elle fût simplement condamnée à vingt-quatre heures de prison, qu'elle fit dans le corps-de-garde établi au café Biellu.

Le même jour, eurent lieu à Orléans les obsèques de M. Pereira, préfet du Loiret, mort victime de son dévoûment à la chose publique, dans le poste difficile qu'il occupait. Une foule nombreuse de citoyens de tous les rangs et de toutes les classes de la société orléanaise le conduisit à sa dernière demeure. Partout, sur le passage du convoi, se fermaient les magasins et les boutiques. Le deuil était général dans la ville, et cette imposante manifestation témoignait du juste hommage rendu à l'homme éminent, dont on pouvait ne pas partager les convictions politiques, mais dont chacun tenait à reconnaître les services rendus, et à honorer la mémoire.

On remarqua que tous les officiers catholiques de la

garnison prussienne d'Orléans assistaient à la cérémonie religieuse, et qu'une colonne de troupes, rencontrant le convoi se dirigeant vers le cimetière, reçut l'ordre de respecter sa marche.

Un mois avant sa mort, M. Pereira avait préparé le rapport qu'il se proposait d'adresser à son Conseil général aussitôt qu'il pourrait le réunir. Dans ce rapport, véritable testament politique, toutes les affaires intéressant le département y étaient traitées avec cette capacité qui distinguait à un si haut degré M. Pereira comme administrateur.

Il y avait joint un mémoire adressé par lui, le 10 novembre 1870, aux ministres de l'intérieur et des finances, pour leur proposer d'attribuer au budget de l'État tous les centimes communaux et départementaux, dont il portait le chiffre à 227,841.843 fr., et de les remplacer par un impôt local sur le revenu. C'était, en d'autres termes, l'application à la France du système de l'*income tax* établi depuis longtemps en Angleterre.

Des charriots, des voitures d'ambulance, 200 chevaux, 300 hommes furent le bilan de la journée du 24.

Le mercredi 25, le commandant de place réunit dans son bureau, à neuf heures du matin, les maires des cantons de Meung et de Beaugency; il leur signifia que chaque commune devrait, en raison de sa population, participer aux frais de la nourriture des garnisons de Meung et de Beaugency. Ce fut en vain que plusieurs maires mirent en avant la misère de leurs populations ruinées par la guerre, le pillage, l'incendie ou les réquisitions. Le commandant leur répondit qu'en cas de refus de leur part, les communes récalcitrantes auraient à supporter des réquisitions en nature. Il annonça en outre aux maires des communes traversées par le chemin de fer qu'elles étaient tenues de mettre à leurs frais des gardes à chaque barrière, et qu'elles seraient de plus responsables des accidents survenus sur la voie par le fait des habitants. Les garde-barrières de la Compagnie d'Orléans étant tous restés à leur poste, l'exécution de ce dernier ordre fut facile à remplir.

A dix heures, 800 hommes qui avaient couché la veille à Meung traversèrent Beaugency sans s'arrêter.

Dans la même journée, nous eûmes encore un passage de troupes, de charriots et de 1,500 prisonniers français.

A l'issue de la réunion chez le commandant de place, une commission avait été formée, sous la présidence de M. Lorin de Chaffin, à l'effet de déterminer la répartition, entre les seize communes des cantons de Meung et de Beaugency, des frais de la nourriture de leurs garnisons respectives. Cette commission, composée de MM. Guille, maire de Meung, de Bizemont, maire d'Huisseau, Boucheron, maire de Cravant, et de l'adjoint du maire de Saint-Ay, se rassembla le jeudi 26 à l'Hôtel-de-Ville, dans l'après-midi. Les mêmes réclamations se renouvelèrent de la part des maires, et on accusa injustement le maire de Beaugency d'avoir provoqué une mesure à laquelle il était complètement étranger. Comme en définitive il fallait obéir, on commença par évaluer à 700 fr. la dépense journalière de la nourriture ; et la population réunie des deux cantons s'élevant à 24,000 habitants, on fixa à 3 centimes par tête la contribution à fournir, soit en argent, soit en denrées. Les maires des communes ayant refusé de prendre aucun engagement à cet égard avant d'avoir consulté leurs Conseils municipaux, il était aisé de prévoir que la décision prise par la commission n'amènerait aucun résultat.

Le vendredi 27, à trois heures, entra dans notre ville, musique en tête, un bataillon de soldats hessois, fort de 800 hommes. Il fut suivi d'un nouveau convoi de 800 prisonniers français, dont les officiers et les soldats blessés eurent la faculté de prendre le chemin de fer.

Le même jour, 27 francs-tireurs français étaient rassemblés sur la place du bourg de Dhuizon, et occupés à se partager les réquisitions qu'ils avaient faites dans la commune, quand arriva au milieu d'eux une patrouille de soldats prussiens. Ils coururent à leurs armes, tirèrent sur la patrouille, tuèrent ou blessèrent quelques hommes.

Le samedi 28, il n'y eut sur la place du Martroi d'autre apparence de marché qu'un sac ou deux de pommes de terre. La place du Petit-Marché et la rue des Chevaliers étaient au contraire bien approvisionnées en légumes et en denrées de basse-cour.

Dans la matinée, le docteur Després, dirigeant la 7e ambulance française, quitta Beaugency avec tout son personnel, laissant les blessés qui se trouvaient encore au couvent aux soins de M. le docteur Pandellé. Ils furent depuis transportés à l'hospice.

Près de 300 hommes, infanterie et cavalerie, ainsi que 600 prisonniers français, logèrent le soir à Beaugency. Les prisonniers, internés dans l'église paroissiale, y commirent de nouveaux dégâts.

Ce fut donc plus de 12,000 prisonniers français que nous eûmes la douleur de voir passer à Beaugency. Et il n'y a pas à s'étonner de ce nombre. En 1799, Napoléon, alors premier consul, ne voulait pas que les conscrits fussent

9

envoyés à l'armée avant cinq ou six mois d'instruction dans les depôts (1), tandis que le gouvernement de la défense nationale lançait au contraire sur les champs de bataille des jeunes gens arrachés au foyer paternel, sans aucune instruction préalable. Il leur donnait pour tout uniforme une blouse et un képi, les armait d'une manière irrégulière, et les opposait ainsi aux vieilles bandes prussiennes, bien équipées, bien armées, bien exercées, et soutenues par une artillerie formidable. Il en résultait qu'à part quelques actes de courage individuel, dont celles du Loiret offrirent le glorieux exemple, les compagnies de gardes mobiles, ou se faisaient décimer par la mitraille, ou se débandaient au premier coup de canon.

Le même jour, les maires des communes de Baule, Messas, Cravant, Tavers et Villorceau, reçurent du commandant de place à Beaugency une circulaire leur annonçant que, par ordre de l'autorité militaire à Versailles, ils étaient taxés à vingt-cinq francs par tête de leurs populations respectives, tandis que dans les villes cette contribution serait doublée. On les prévenait qu'ils n'avaient que trois jours pour verser à la commandature la somme exigée, et qu'en cas de refus de leur part, ils devaient s'attendre à toutes les conséquences qui s'en suivraient.

Cette circulaire, qui fut envoyée trois jours plus tard à Beaugency, jeta l'alarme dans toutes les populations rurales. Les maires des communes menacées se réunirent pour se concerter sur les mesures à prendre; et il fut convenu qu'à l'expiration du délai accordé, une démarche collective serait faite auprès du commandant de place.

(1) *Histoire du Consulat et de l'Empire*, t. I<sup>er</sup>, p. 240.

Dans la soirée, le général Poncet, à la tête de troupes françaises, chassa les Prussiens du faubourg de Vienne, sur la rive gauche de la Loire, leur tua ou blessa quelques hommes, en fit d'autres prisonniers, et les força à repasser précipitamment le pont de Blois, dont ils détruisirent la passerelle qui avait été précédemment établie. Ils essayèrent même, mais inutilement, de faire sauter deux nouvelles arches du pont de Blois.

Le dimanche 29, les offices eurent lieu comme à l'ordinaire dans l'église paroissiale, mais en présence d'un bien petit nombre de fidèles.

Dans la même journée les Prussiens, revenus en force à Dhuizon, avec de l'artillerie, bombardèrent le bourg de Dhuizon, endommagèrent gravement le clocher de l'église et plusieurs maisons, tuèrent quatre habitants dont une femme, taxèrent la commune à une contribution de guerre de 8,000 fr., et emmenèrent avec eux, à leur camp de Cléry, des notables du pays, qui obtinrent la réduction à 1,050 fr. de la contribution demandée.

Quant aux francs-tireurs, ils s'étaient hâtés de battre en retraite au premier coup de canon, moins deux, qui furent tués au début de l'action. Cet événement fournit une nouvelle preuve du mal que faisait aux populations l'apparition des francs-tireurs.

Le même jour entra dans Beaugency un autre bataillon hessois, fort de 1,000 hommes, qui partit le lendemain pour Blois.

Le bruit se répandit tout à coup dans Beaugency de la capitulation de Paris. La source étant d'origine prussienne, nous nous refusions à y croire, quand deux de nos concitoyens, MM. Corneau et Valentin Fermé, arrivant de Ro-

morantin, nous affirmèrent avoir vu affichée dans cette
ville une dépêche de M. Jules Favre annonçant qu'une trève
de vingt et un jours avait été convenue entre M. de Bismark
et les membres du gouvernement de Paris, et que la France
était appelée dans ses comices le 8 février, pour élire une
convention nationale qui se réunirait le 12 à Bordeaux.

Le lendemain, le *Moniteur universel* nous apporta le
texte même du traité, avec une dépêche du ministre du
commerce, télégraphiant à Bordeaux qu'on expédiât sans
le moindre retard les denrées nécessaires au ravitaillement
de Paris, attendu l'extrême urgence. Il était évident,
d'après cela, que Paris, comme Metz, avait capitulé avec la
faim.

A deux heures, plusieurs maires du canton, conduits
par MM. Boucheron, conseiller général, et Lorin de Chaffin,
conseiller d'arrondissement, à défaut de M. Delahaye, retenu dans son lit par une indisposition, se rendirent auprès
du commandant de place. Ils lui exposèrent que les communes de Baule, Messas, Cravant, Tavers et Villorceau,
dans l'intérieur desquelles on s'était battu pendant les
journées des 6, 7, 8 et 9 décembre, ruinées de fond en
comble, étaient dans l'impossibilité matérielle d'acquitter
l'énorme contribution de guerre qui leur était imposée. Ils
lui demandèrent de transmettre leurs réclamations à l'autorité supérieure. Le commandant le promit, et laissa
même entrevoir que jusqu'à la fin de l'armistice on n'exer-
cerait aucune poursuite à ce sujet.

Dans la nuit du lundi au mardi, une alerte fit prendre
précipitamment les armes à la garnison de Beaugency,
sans que nous en puissions connaître la cause.

Le mardi 31, le commandant de place à Beaugency fit

publier l'avis que tous les habitants allassent déposer à la mairie les armes qu'ils possédaient, sous peine d'être traités selon les lois de la guerre. On s'empressa d'obéir, car nous savions par expérience comment les Prussiens entendaient les lois de la guerre.

Le maire de Beaugency avait obtenu du commandant l'autorisation de conserver ces armes sous sa garantie personnelle, afin qu'à la paix elles pussent êtres rendues à leurs propriétaires. Au mépris de cette promesse, l'adjudant de place les fit enlever et conduire à Orléans; parmi ces armes se trouvait un très-beau sabre de cavalerie ayant appartenu au lieutenant-colonel des gardes mobiles de l'Isère. Il disparut tout à coup, sans qu'on pût connaître dans quelles mains il était passé.

A trois heures, un officier prussien, précédé d'un trompette portant le drapeau parlementaire, passa la Loire, pour notifier l'armistice aux troupes françaises sur la rive gauche. Il revint au bout de quelques heures sans avoir pu en rencontrer.

## XX.

Le 1er février, à une heure, le maire réunit le Conseil municipal ; il lui exposa la situation pénible où se trouvaient un grand nombre d'ouvriers et d'artisans de la ville, privés de travail et de ressources, et demanda l'autorisation d'emprunter, sous la garantie des membres présents, une somme de 5,000 fr. qui lui était offerte, et de la prêter par fractions de 25 à 50 fr. aux ouvriers et aux artisans les plus nécessiteux, avec obligation de rembourser ces prêts à la fin de 1871.

Le Conseil, à l'unanimité, accorda l'autorisation et la garantie demandées.

Le maire s'était vivement ému de l'injure qui lui avait été faite, en l'accusant d'être l'instigateur des mesures prises par le commandant de place, pour la répartition des frais de la nourriture de la garnison prussienne à Beaugency ; il demanda, en conséquence, au Conseil de le venger, par une délibération, des imputations calomnieuses dont il avait été l'objet.

Le Conseil, après avoir entendu l'exposé de M. le maire et pris connaissance des faits, reconnut que la conduite de M. Delahaye, dans cette circonstance, avait été loyale, et qu'il ne méritait aucun des reproches qui lui avaient été adressés.

M. le maire proposa ensuite au Conseil de créer, jusqu'à

concurrence de 30,000 fr., une monnaie fiduciaire, dont la ville pourrait disposer pour couvrir les dépenses qu'elle était obligée de faire journellement. Il exprima l'espoir que les habitants de Beaugency, accueillant cette monnaie par esprit de patriotisme local, lui assureraient un libre cours. Le Conseil, adoptant le principe, en renvoya l'exécution à une commission composée de MM. Denizet, Cahu, Drion et Corneau.

Le même jour, M. Delahaye fit publier dans Beaugency la nouvelle de l'armistice et la convocation des électeurs du canton pour le 8 février, ce qui n'empêcha pas l'autorité prussienne de publier à son tour l'avis que les attroupements de plus de cinq personnes étaient sévèrement défendus.

Le jeudi 2, le bataillon hessois, en garnison à Beaugency depuis le 27, reçut à deux heures l'ordre de partir immédiatement pour Blois. Le bruit courut que, malgré l'armistice, les hostilités continuaient aux environs de Blois; mais il fut démenti par des personnes arrivant de cette ville.

Le vendredi 3, trois cents hommes, soixante-quatorze chevaux et des charriots arrivèrent à Beaugency, et furent dirigés sur Josnes. Nous apprîmes le même jour qu'à l'occasion des prochaines élections, les correspondances postales françaises-étaient rétablies sur la ligne d'Orléans à Tours, sous la condition que les lettres seraient remises ouvertes à la poste.

Le samedi 4 nous parvint à Beaugency le premier numéro d'un journal intitulé l'*Assemblée nationale*, se publiant à Orléans; il contenait la liste des candidats proposés à l'élection pour le département du Loiret. Cette liste était la même que celle formée au mois de septembre, avec la substitution du nom de M. de la Brière à celui de M. Émile Péan, mort quelques jours avant M. Pereira.

A part le Martroi, qui resta à peu près vide, les places du Petit-Marché et de la Mairie se remplirent d'acheteurs et de vendeurs, comme aux jours de notre prospérité ; dans la rue de l'Ours, les magasins s'ouvrirent pour la première fois.

Le dimanche 5, nous reçûmes un numéro du *Journal du Loiret,* publiant une nouvelle liste de candidats : MM. Thiers, Dupanloup, Petau, Robert de Massy, Cochery, Ganneval et d'Aboville.

Le mardi 7, à neuf heures du matin, se forma dans la salle de la justice de paix, à Beaugency, un comité électoral composé des maires du canton, de plusieurs habitants notables de chaque commune rurale, et des membres du Conseil municipal. La présidence en fut attribuée au doyen d'âge des maires du canton, M. Lepage, maire de Tavers, qui appela au bureau le maire de Beaugency. Ce dernier mit aux voix les noms de MM. Thiers, Dupanloup, Robert de Massy, Petau, Cochery et d'Aboville, qui furent adoptés par acclamation. Un des membres de l'assemblée, M. Drion, fit valoir les services rendus par M. Crespin, maire d'Orléans, et proposa de substituer son nom à celui de M. Ganneval, ce qui fut également adopté.

Par décret du 31 janvier 1871, la délégation de Bordeaux avait frappé d'inéligibilité les ministres, les sénateurs, les conseillers d'État, les préfets, les conseillers généraux et d'arrondissement, comme entachés d'un vice originel par les fonctions qu'ils avaient remplies sous l'Empire, ou les candidatures officielles auxquelles ils auraient dû leurs élections. Cet acte de despotisme autoritaire, que n'aurait jamais osé commettre le gouvernement déchu, était une nouvelle atteinte au principe de la souveraineté populaire et à la liberté des élections. M. de Bismark, en le signalant au gouvernement de Paris, en demanda la révocation, qui fut prononcée par décret du 4 février 1871.

Le mercredi 8 eurent lieu les élections à l'Assemblée nationale. Le canton de Beaugency avait été divisé en trois sections : Beaugency, Tavers et Villorceau, formaient la première; Baule, Cravant et Messas, la seconde; et Lailly, la troisième. Sur 3,881 électeurs inscrits, 2,339 prirent part au scrutin, qui donna à :

| MM. Cochery | 2,257 voix. |
| Crespin, maire d'Orléans | 2,173 |
| Robert de Massy | 2,101 |
| Thiers | 1,921 |
| Petau | 1,776 |
| D'Aboville | 1,640 |
| Dupanloup | 1,473 |

Cette liste était tout entière celle de notre comité électoral.

Les opérations du vote et du dépouillement des bulletins se firent avec un ordre parfait, et aucune manifestation politique ne se produisit dans un sens ou dans un autre.

Malgré leur promesse d'assurer aux élections la plus complète liberté, les Prussiens firent le même jour des réquisitions de voitures à Vernon, et privèrent ainsi trois citoyens qui les conduisaient de prendre part au vote. Une protestation fut rédigée à cette occasion par M. Auguste Hiss, conseiller municipal, habitant le hameau de Vernon.

9.

Ou eut aussi à se plaindre de l'arrivée à Tavers de deux cents cavaliers prussiens, dont la présence empêcha plusieurs habitants d'aller prendre part au scrutin.

Le prince Frédéric-Charles, passé en chemin de fer le 6 février, allant à Versailles, traversa de nouveau Beaugency le 8 pour retourner à Tours.

Le jeudi 9, un corps de troupes de 2,400 hommes, venant d'Orléans et se rendant à Tours, passa en chemin de fer sans s'arrêter à Beaugency.

Le samedi 11 février, le Conseil municipal et les plus haut imposés de la commune de Beaugency se réunirent sur la convocation du maire. L'assemblée ratifia l'emprunt de 5,000 fr. contracté pour venir au secours des ouvriers et des artisans nécessiteux, ainsi que le projet d'établissement d'une monnaie fiduciaire de 30,000 fr., dont elle garantit le remboursement.

Le maire donna connaissance à l'assemblée de la lettre qui lui avait été écrite le 28 janvier dernier par le commandant de place, imposant la ville à une contribution de guerre de 50 fr. par tête pour la population urbaine, s'élevant à 3,500 âmes, et de 25 fr. pour la population rurale, forte de 1,328. Il avait pensé qu'on attendrait la fin de l'armistice pour donner suite à cette demande; mais le commandant l'avait fait prévenir qu'aux termes d'un télégramme reçu de Versailles, il avait ordre de poursuivre à outrance le paiement de 200,000 fr., représentant la taxe de Beaugency. Le délai pour ce paiement expirant le 11 février, à midi, il consulta l'assemblée pour déterminer le parti à prendre dans cette grave circonstance.

L'assemblée, reconnaissant l'impossibilité pour la ville d'acquitter une somme aussi importante, chargea le maire de la faire valoir aux yeux de l'autorité prussienne, et lui donna tout pouvoir de traiter avec elle au mieux des intérêts de la ville.

Les maires des communes rurales de la rive droite de la Loire, cédant aux menaces qui leur avaient été adressées, se rendirent successivement à la commandanture et payèrent, savoir : Baule, 2,000 fr.; Messas, 700 fr.; Cravant, 512 fr. 35; Villorceau, 300 fr.; Tavers, 1,500 fr., et reçurent des quittances conçues en ces termes :

« ..... francs de contribution de guerre sont payés
« aujourd'hui pour la commune de..... par M. le maire de
« cette commune à la commandature soussignée.

« Beaugency, 16/2 1871.

« SEIDNITZ. »

On sait que les Allemands indiquent seulement par un chiffre les mois de leurs dates; aussi le nombre 2 veut dire pour eux le second mois de l'année.

Le bruit se répandit tout à coup que, par suite du défaut de paiement dans le délai fixé, Beaugency allait être livré au pillage. Les officiers prussiens qui eurent connaissance de ce bruit protestèrent énergiquement contre les intentions qu'on leur supposait.

A l'issue de la séance du 11 février, la commission chargée de préparer l'émission de la monnaie fiduciaire décida qu'il en serait créé pour 10,000 fr. en bons de circulation de 25 fr. chacun, pour 10,000 fr. en bons de 50 fr. et pour 10,000 fr. en bons de 100 fr., extraits de trois registres à souche, sur trois couleurs différentes, portant des numéros d'ordre, la signature du maire, celle d'un conseiller municipal délégué et le cachet de la mairie.

Un membre avait proposé d'attacher à ces bons un intérêt de 5 p. 0/0, ce qui fut rejeté par la majorité.

Le marché du samedi présenta la même physionomie que celle des marchés précédents.

Le dimanche 12, les offices eurent lieu comme à l'ordinaire. On n'eut qu'à signaler le passage d'une trentaine de charriots.

Aux malheurs de la guerre se joignirent les ravages causés dans le canton de Beaugency par les épidémies de la petite vérole et de la fièvre typhoïde. Du 1er janvier 1871 au 15 février, les décès constatés atteignirent un chiffre bien plus considérable que celui des années précédentes, et il n'y avait pas à s'en étonner. Les émotions inséparables des événements, les nuits sans sommeil, les privations, les souffrances morales prédisposaient la population du canton à subir les influences atmosphériques. Et quand une maladie quelconque se déclarait, il devenait impossible de lui donner les soins convenables avec les embarras inévitables d'une garnison permanente et de passages journaliers; aussi peut-on affirmer que parmi les personnes mortes depuis trois mois dans notre canton, un quart au moins avaient succombé victimes de l'occupation étrangère.

Le 15 février, nous apprîmes le résultat définitif des élections de Paris. Il était de nature à nous faire craindre la prolongation d'une guerre à outrance. Mais contrebalancé par les élections des campagnes, nous pouvions espérer que la majorité de l'Assemblée nationale réunie à Bordeaux reconnaîtrait l'impossibilité d'une plus longue résistance, et arriverait à conclure une paix rendue indispensable par la malheureuse situation de nos départements envahis.

Le même jour s'abattit à Beaugency une colonne d'environ 5,000 hommes, et bien que l'administration municipale ait eu la précaution d'en envoyer une partie dans les communes environnantes, notre ville en eut à loger 3,500 pour sa part.

Le vendredi 17, à deux heures, le prince royal de Prusse, venant d'Orléans, traversa notre ville en train spécial du chemin de fer, pour se rendre, selon les uns à Tours, selon les autres au Mans.

Au marché du 18 février, trois sacs de blé apparurent sur le Martroi, pour la première fois depuis le samedi 3 décembre. La place du Petit-Marché continua à être bien approvisionnée en légumes et denrées de basse-cour, tandis que quelques marchands ambulants commencèrent à regarnir la place de la Mairie et la rue des Chevaliers.

Le *Journal du Loiret* qui nous parvint le même jour nous donna le résultat définitif et suivant des élections dans notre département :

| | |
|---|---|
| MM. Cochery . . . . . . . . . . . | 58,839 voix. |
| Robert de Massy. . . . . . | 54,101 |
| Thiers . . . . . . . . . . . | 43,590 |
| Petau. . . . . . . . . . . | 35,872 |
| Crespin. . . . . . . . . . . | 35,445 |
| D'Aboville . . . . . . . . . | 32,706 |
| Dupanloup . . . . . . . . . | 28,596 |

Les 15, 16, 17 et 18, de nombreux passages de troupes et de trains d'artillerie eurent lieu sur la rive gauche. Les

communes de Dry, Lailly, Saint-Laurent-des-Eaux et les
hameaux en dépendant furent écrasés de logements militaires, plus de la charge de nourrir une grande partie des
soldats ennemis.

Le dimanche 19, nous n'eûmes à loger à Beaugency
qu'un détachement de 350 hommes de cavalerie.

Un numéro du *Moniteur universel*, parvenu à Beaugency le lundi 20 février, nous donna le compte-rendu de
la séance de l'Assemblée nationale du vendredi 17. Nous
apprîmes ainsi que M. Grévy avait été élu, à une imposante
majorité, président de l'Assemblée nationale, et M. Thiers,
à la presque unanimité, chef du pouvoir exécutif de la
République, avec le droit de composer lui-même son mi-
nistère. Dans une admirable protestation formulée au nom
des habitants de l'Alsace et de la Lorraine, M. Keller vint
déclarer à la tribune qu'ils ne consentiraient jamais à
cesser d'être Français, et qu'il ne reconnaissait pas au
suffrage universel même le droit de disposer d'eux en les
faisant passer sous le joug de l'étranger. Il demanda qu'a-
vant toute négociation fût posé le principe de leur main-
tien intégral dans le territoire de la République. La question était grave, car elle renfermait l'alternative de la paix
et de la guerre. L'Assemblée nationale, après en avoir
délibéré dans ses bureaux, exprima sa profonde sympathie pour la proposition de M. Keller, mais déclara en
même temps qu'elle entendait s'en rapporter à la sagesse
du négociateur qui serait chargé de traiter des conditions
de la paix.

Ce qu'il y eut de plus pénible pour nous pendant
plusieurs jours, ce fut de ne recevoir ni lettres ni
journaux qui pussent nous tenir régulièrement au courant

des événements et des séances d'une Assemblée réunie pour décider du sort de la France. Nous savions que l'armistice, qui devait expirer le 19, avait été prorogé au 24; que M. Thiers avait passé à Beaugency dans la matinée du 20, se rendant à Versailles; mais nous ignorions les conditions que la Prusse prétendait nous imposer, et les démarches de nos négociateurs pour en obtenir de moins dures. De temps en temps nous parvenait un journal de Tours ou de Bordéaux, qui éclairait pour un moment la situation, mais le voile qui nous la cachait ne tardait pas à retomber sur nos yeux.

Les jeudi, dimanche, lundi et mardi gras s'écoulèrent sans que rien vînt rappeler aux habitants de Beaugency qu'ils étaient en carnaval. Les cafés, les magasins et les boutiques, à l'exception de ceux de la rue de l'Ours, restèrent fermés comme à l'ordinaire.

Le mardi 21, M. Huguier, premier adjoint, reçut à Tours, par l'intermédiaire de M. le comte de Flavigny, fondateur et président de la Société internationale française de secours aux blessés, 9,800 fr. à valoir sur les dépenses avancées par la ville aux ambulances du couvent et du Grand-Bal, que dirigeait M. le docteur Després.

Le même jour, l'autorité prussienne envoya à Beaugency trois ingénieurs et un détachement d'ouvriers pour travailler à la voie du chemin de fer, dans la traverse du viaduc.

# XXI.

Le jeudi 23, à trois heures, le maire de Beaugency réunit le Conseil municipal, pour lui rendre compte des démarches faites par lui, à Tours et à Orléans, à l'effet d'obtenir la remise de la contribution de guerre imposée à la ville. A son arrivée à Tours, le 19 février, M. Delahaye avait demandé, par écrit, une audience au prince Frédéric-Charles, en lui exposant, dans les termes les plus pathétiques, la malheureuse situation de ses administrés, ruinés par les malheurs de la guerre, et hors d'état de satisfaire à de nouvelles charges. N'ayant pu parvenir à être reçu par le prince, il réussit à obtenir la recommandation de son chef d'état-major auprès du préfet prussien du Loiret, et se rendit, en conséquence, à Orléans le 22, où le préfet lui remit la déclaration suivante, que nous transcrivons comme échantillon du style administratif prussien :

*A M. Delahaye, maire de Beaugency.*

« On lui certifie par présent billet qu'il a demandé du
« préfet impérial du Loiret, à cause de la contribution
« qu'on a mise sur la ville de Beaugency, et il était fait
« qu'on règlera cette affaire de nouveau, demain ou après-
« demain, sur un ordre plus haut, et, jusque là, aucune

« mesure rigoureuse aura lieu dans la ville de Beaugency,
« sur l'ordre du préfet impérial du Loiret.

« Baron DE KOENNERITZ. »

M. le maire fit ensuite connaître au Conseil qu'aux
termes d'un télégramme adressé au commandant d'étape à
Beaugency, l'armistice était de nouveau prorogé jusqu'au
dimanche 26 à minuit, et reçut les félicitations de tous ses
membres sur le zèle et le dévoûment dont il avait fait
preuve dans cette grave circonstance.

Le vendredi 24, la Compagnie du chemin de fer d'Orléans prévint le public qu'à partir du samedi 25, elle re-
prendrait son service; que trois trains se dirigeant sur Orléans passeraient à Beaugency à 7 heures 49, 10 heures 19
du matin, et 2 heures 19 du soir, pour effectuer leur retour à 2 heures 22, 5 heures 47 et 7 heures 47 d'Orléans.

Quand, sur la foi de cet avis, des voyageurs se présentèrent, le samedi matin, à la gare de Beaugency, il leur
fut répondu que l'autorité prussienne n'avait pas voulu
permettre le départ des deux premiers trains, 7 heures 49
et 10 heures 19.

La semaine entière se passa relativement calme à Beaugency. Les soldats composant la garnison permanente
avaient fini par s'acclimater dans leurs logements, où généralement ils se conduisaient assez bien.

La physionomie du marché du 25 février fut à peu près
la même que celle du marché précédent.

Le bruit courut dans la soirée que l'armistice était prorogé jusqu'au 2 mars, et qu'en présence des prétentions
exagérées de la Prusse, nos négociateurs n'avaient pu parvenir à s'entendre avec elle sur les conditions de la paix.

Cruellement éprouvées par les malheurs de la guerre, nos campagnes eurent à subir une nouvelle calamité. A la suite du dégel survenu dans la nuit du 15 au 16 janvier, on s'aperçut que les blés étaient gelés en presque totalité, et il fallut recommencer à labourer les terres, pour les ensemencer une seconde fois en blé de mars. Ainsi, les années 1870 et 1871 étaient fatalement destinées à figurer parmi les plus désastreuses de notre histoire.

Le dimanche 26, le maire de Beaugency reçut, par l'intermédiaire du ministre des États-Unis, une somme de 1,000 fr. pour venir au secours de ceux de ses concitoyens qui auraient le plus souffert de la guerre.

Dans la soirée, de nombreux trains de voyageurs, de bestiaux et de marchandises en destination pour Paris n'attendaient que le moment de partir, quand il plut à l'autorité prussienne de mettre un embargo sur le chemin de fer, sous le prétexte que l'armistice expirait à minuit précis. A deux heures du matin, le général prussien se rendit à la gare, porteur d'une dépêche lui annonçant la signature de la paix, et par suite de laquelle il permit aux trains de continuer leur marche sur la capitale. Quelques instants après, les habitants d'Orléans furent réveillés par les fanfares des musiques militaires prussiennes, qui parcoururent les principales rues de la ville en signe de réjouissance.

Le lundi 27, dans la matinée, les Prussiens en garnison à Beaugency s'empressèrent d'annoncer cette nouvelle dans leurs logements, où elle fut accueillie avec une joie qui n'était pas sans mélange de tristesse, car nous nous doutions que cette paix, attendue avec tant d'impatience par nos campagnes, devait coûter cher à notre honneur national d'abord, et à notre bourse ensuite.

Le soir, les officiers prussiens se réunirent dans un dîner à l'hôtel de Saint-Étienne, et fêtèrent copieusement les préliminaires de la paix.

Dans sa séance du même jour, la commission de surveillance du dépôt de mendicité, considérant que les ressources créées par l'emprunt du 29 décembre étaient épuisées, et qu'il importait au plus haut degré de pourvoir aux besoins de l'établissement, décida qu'il serait contracté, sous la garantie personnelle de tous ses membres, un nouvel emprut de 4,000 fr.

La population du dépôt, dont la moyenne s'élevait ordinairement de 140 à 150 individus, était réduite à 115. Les départements adjoints se trouvant privés de communications avec la ville de Beaugency, avaient cessé depuis trois mois de nous envoyer leurs mendiants, comme de payer leur part contributive dans la dépense.

Dans la soirée du 28 février, M. le maire fit afficher à la porte de l'Hôtel-de-Ville le télégramme suivant, qui lui avait été transmis par le commandant de place à Beaugency :

« Vu les préliminaires de la paix, la suspension d'armes « est prolongée jusqu'au 12 mars.

« Après le 3, tous les trois jours, les deux parties belligérantes ont le droit de se rétracter. »

Nous ne tardâmes pas, du reste, à apprendre que, dans sa séance du 1er mars, l'Assemblée nationale, à une majorité de 546 voix contre 107, avait ratifié les conditions de la paix imposée à la France par la presque impossibilité de continuer la guerre.

Le jeudi 2 mars, à une heure, le conseil de fabrique,

réuni au presbytère, sous la présidence de M. Lorin de Chaffin, décida qu'en raison des circonstances, et pour l'année 1871 seulement, le prix des places à l'église serait abaissé d'un tiers.

Le même jour, à sept heures du soir, il y eut séance du Conseil municipal. Le maire lui fit connaître :

Le don de 1,000 fr. fait à la population malheureuse de Beaugency par les habitants de New-York ;

Le don d'une boîte d'instruments de chirurgie par la Société internationale anglaise ;

L'abandon du matériel restant des ambulances du couvent et du Grand-Bal, que dirigeait M. le docteur Després, par le comte de Flavigny, président et fondateur de la Société internationale française.

Il donna lecture des lettres écrites par lui en remerciment.

Le Conseil, s'associant aux sentiments si bien exprimés par M. le maire, le chargea de transmettre aux donateurs le témoignage de sa profonde reconnaissance.

Sur la demande de M. le maire, le Conseil se partagea en cinq commissions prises dans son sein, et ayant pour objet :

1º L'examen et le réglement des dépenses incombant à la commune ;

2º L'examen et le réglement des dépenses se rattachant aux diverses ambulances, ainsi qu'aux réquisitions des armées françaises et allemandes pouvant donner lieu à une répétition de la commune contre l'État ;

3º Examen et redressement des pertes éprouvées par la commune à l'occasion de l'invasion et de l'occupation étrangère ;

4º La substitution de l'abonnement à l'exercice des bouchers et des charcutiers ;

5º Hygiène et mesures de salubrité à prendre dans l'intérêt de la santé publique.

Au marché du 4 mars, une trentaine de sacs de blé et quelques sacs d'avoine parurent sur le Martroi. Les places du Petit-Marché et de la Mairie furent garnies de vendeurs et d'acheteurs comme aux jours ordinaires.

Le même samedi eurent lieu au bourg de La Ferté les obsèques de M. Ménard, agriculteur à Huppemeau et chevalier de la Légion-d'Honneur. La difficulté des communications avec la rive gauche de la Loire empêcha un grand nombre d'habitants de Beaugency d'aller rendre les derniers devoirs à celui qu'ils revendiquaient, à bon droit, comme une des gloires de leur pays, où il avait exercé les fonctions de notaire, de membre du Conseil municipal, d'adjoint et d'administrateur de l'hospice. M. Ménard était une de ces intelligences rares qui, développées par l'étude, le travail et la pratique, arrivent à la célébrité. Lauréat du Concours régional de Blois en 1859, il vit sa réputation grandir, et sa belle exploitation d'Huppemeau, dans laquelle il avait habilement transformé des landes stériles en terrains productifs, visitée bien des fois par tout ce qu'il y avait d'hommes distingués en France et à l'étranger. Les progrès qu'il fit faire à l'agriculture, par son exemple et par ses conseils, lui valurent en 1867 une distinction que l'opinion publique lui avait décernée longtemps avant qu'elle ne lui fût accordée par un gouvernement qui redoutait ses idées libérales. Au cimetière, un de nos concitoyens, M. Drion, que les liens d'une étroite amitié unissaient à M. Ménard, prononça sur sa tombe le discours suivant :

« Avant de quitter ce séjour de deuil et de dire à
« l'homme de bien un éternel adieu qui attriste la contrée,
« permettez à l'ami dévoué qui fut depuis longues années
« le confident de ses idées et de ses aspirations de dire en
« quelques paroles ce que fut le citoyen que nous pleu-
« rons, et de rappeler les précieux services que dans son
« existence, hélas! trop restreinte, il a rendus à la société.

« Si la naissance de M. Ménard fut des plus humbles, si
« les bienfaits de l'instruction de nos colléges ne purent ni
« favoriser, ni aider ses premiers pas dans le monde, il dut
« de bonne heure, grâce à l'intelligence dont il était doué
« et aux aptitudes multiples dont la nature l'avait comblé,
« grâce à ce grand amour du travail qui le dévorait, ac-
« quérir les connaissances les plus utiles, sonder et ré-
« soudre de difficiles problèmes, et leur donner l'autorité
« de l'expérience. Il y consacrait ses jours et ses veilles ; il
« luttait dans le silence des nuits avec des difficultés et des
« obstacles qu'à force de persévérance il parvenait à
« vaincre. C'est ainsi que sans cesser d'être modeste, et
« pour ainsi dire à l'insu de lui-même, il était devenu
« grand et d'un savoir éminent.

« Entré à douze ans comme petit clerc dans l'étude d'un
« notaire de la Beauce, il se montra tout de suite si stu-
« dieux, si précis, si sérieux, qu'à l'âge ou tant d'autres
« sont à l'a, b, c de la profession, il se trouvait déjà en
« état de diriger les affaires les plus complexes. Il étonnait
« par la lucidité de ses idées, par la sûreté de ses juge-
« ments, les hommes réputés les plus compétents. A peine
« son stage était-il terminé, quand il n'espérait pas, faute
« de fortune, devenir titulaire d'une étude, il lui fut offert
« d'en acquérir une par les gens de cœur qui avaient su

« l'apprécier. Ses confrères n'ont pas oublié combien il
« sut honorer le notariat. Malheureusement il n'y resta
« que quelques années. Le travail de bureau était devenu
« défavorable à sa santé; peut-être aussi le génie d'une
« autre science qui était en lui le sollicitait à rendre de
« plus éclatants services. Il quitta l'étude des lois pour
« se livrer sans réserve aux rudes travaux de l'agricul-
« ture.

  « C'est dans cette Sologne, où nous enterrons ses restes
« mortels, qu'il entreprit sa tâche si ardue. Il savait le sol
« stérile et l'air malsain. Il voulait, disait-il, rendre le sol
« fertile et purifier l'air. En vain l'incrédulité et la routine
« niaient sa puissance à une pareille transformation. Il a
« su tenir parole, et son nom restera impérissablement
« attaché aux durs labeurs qui l'ont conduit aux résultats
« les plus féconds. Travaux de nivellement, analyse des
« terres, composition et appropriation des engrais, drai-
« nage, irrigations, cultures diverses et spéciales des
« plantes les plus précieuses, tout ce qui contribue en un
« mot à la richesse de l'agriculture intensive a été de sa
« part l'objet d'une étude approfondie. Ce n'était ni par
« vanité, ni par égoïsme qu'il voulait arriver et arrivait à la
« plus grande perfection dans ses entreprises. Non, l'amour
« du bien général l'excitait et l'animait. Quand il avait ac-
« quis des données certaines et était arrivé à des résultats
« fructueux, c'était avec bonheur et empressement qu'il
« enseignait aux autres la science par lui péniblement,
« souvent chèrement acquise, afin que personne ne fît de
« ruineuses et décourageantes écoles ; pour que chacun,
« au contraire, réussît du premier coup à augmenter sa
« fortune et sa richesse territoriale.

« Voilà quel était l'homme de bien et de devoir qui vient
« de succomber.

« Comme tous les hommes d'élite qui du dernier rang
« social s'élèvent au premier, il avait ses jaloux et ses dé-
« tracteurs ; il le savait et ne s'en affligeait pas ; il ne leur
« en voulait même pas et se contentait de les plaindre.
« Ménard ne savait qu'aimer et non haïr. Il y avait si peu
« de fiel en lui, qu'il aimait toujours et quand même ceux,
« bien rares il est vrai, qui se détachaient de lui ; il n'en
« parlait qu'avec reconnaissance et les larmes aux yeux. Il
« se contentait de dire avec un sourire plein de tendresse:
« Ils ont été trompés. » Et s'il pouvait se venger de leur
« dédain, c'était, sans qu'ils s'en doutassent, en leur ren-
« dant des services.

« Comme époux et père, qui ne serait heureux de le
« donner comme un parfait modèle?

« Comme citoyen, qui a le plus aimé sa patrie, a plus
« fait pour elle, l'a plus honorée et défendue que Ménard?
« Par ses actes et ses vertus, par l'importance de ses tra-
« vaux, n'a-t-il pas conquis le sol? Gloire autrement réelle
« que de conquérir des armées et de tuer des hommes. Le
« signe de l'honneur, placé bien tardivement sur sa poi-
« trine, a été hose rare dans ces derniers temps, où il
« était prodigué moins pour des services rendus au pays
« que pour récompenser des dévoûments ou des actes in-
« connus. Apprécié cette fois comme il le méritait, le dé-
« partement tout entier a applaudi à cette décoration que
« le pays réclamait, mais que Ménard n'avait jamais solli-
« citée. Hélas ! ce devait être pour ainsi dire la croix de
« son tombeau. Quoique usé par le travail et atteint par
« une maladie qui pardonne peu, il eût vécu plus long-

« temps parmi nous, si les malheurs actuels de la France
« n'étaient venus troubler la sérénité de sa vie et répandre
« l'inquiétude dans son âme patriotique.

« Adieu, bon et estimable ami, homme de foi et de de-
« voir. Nous le donnerons en exemple à nos enfants, afin
« que chacun dans sa sphère accomplisse sa tâche, et re-
« lève la France de ses défaites et de sa honte.

« Adieu, Ménard. Ta mort n'est pas seulement un grand
« deuil de famille; c'est aussi un deuil public; ta mémoire
« parmi nous ne périra pas. »

M. le maire de Beaugency, succédant à M. Drion, s'exprima en ces termes :

« M. Ménard n'est plus, et sa mort est le sujet bien lé-
« gitime d'une douleur à ajouter à nos grandes douleurs
« publiques. Sa belle âme est au ciel, et nous rendons en
« ce jour les derniers devoirs à son enveloppe mortelle.

« Dans ce deuil général, devant cette assistance si nom-
« breuse et si pieusement recueillie, qu'il me soit permis
« d'ajouter quelques paroles de regret aux éloquentes pa-
« roles qui viennent d'être prononcées sur l'homme de
« bien que nous pleurons tous.

« M. Ménard fut de Beaugency ; et c'est en qualité d'in-
« terprète autorisé de la population tout entière de cette
« cité que je viens lui adresser nos suprêmes adieux.

« M. Ménard, comme homme public, comme conseiller
« de la commune ou comme membre d'une administra-
« tion qui fera toujours l'honneur de Beaugency, fut dans
« chaque situation l'homme que nous avons tous connu.

« Travailleur infatigable, esprit étendu, lucide, âme hon-

10

« nête et serviable à sa nombreuse clientèle comme no-
« taire, à la commune, à ses concitoyens, il sut rendre les
« plus signalés services dont le souvenir ne périra jamais
« dans nos cœurs.

« Plus tard, et à l'époque où l'homme sent le besoin de
« prendre du repos, M. Ménard, honoré de l'estime de tous,
« aidé par une fortune légitimement acquise, se retira aux
« champs et embrassa une nouvelle carrière, dans laquelle
« l'appelait sa vocation favorite. Il devint agriculteur ; et
« vous avez entendu faire son éloge en termes qui ne sau-
« raient être égalés. Aussi les récompenses vinrent promp-
« tement témoigner de la réalité de ses succès. Et en
« dernier lieu, la croix de la Légion-d'Honneur lui fut
« accordée comme prix bien mérité des grands services
« rendus à l'agriculture.

« Comme ami, comme homme privé, comme père de
« famille, M. Ménard fut tout ce que Dieu doit désirer de
« l'homme dans ce monde.

« Aussi ses amis nombreux, tous ceux qui l'ont connu,
« peuvent-ils avec fierté le donner en exemple à la géné-
« ration de nos enfants, que des malheurs présents appel-
« leront un jour à relever l'honneur de la patrie. Aussi
« bien, la pierre qui doit recouvrir cet homme de bien,
« aimé et estimé, devra porter une noble inscription, et
« pourra, à notre légitime orgueil, finir par ces mots :
« Sa vie fut bien remplie, elle peut servir de modèle à
« chacun, et Beaugency, comme La Ferté, seront toujours
« fières de l'avoir compté au nombre de leurs fervents pa-
« triotes et de leurs plus nobles citoyens. »

## XXII.

Le lundi 6, dans la matinée, une compagnie de cent vingt-cinq hommes faisant partie de la garnison permanente quitta Beaugency, et dans la journée commença le mouvement d'évacuation de l'armée prussienne, qui se continua jusqu'au mercredi 15. Pendant les quatre derniers jours, notre ville eut à loger de trois à quatre mille hommes; aussi, toutes les maisons particulières étaient encombrées de généraux, d'officiers, de soldats auxquels l'administration municipale eut à fournir des rations de pain; quant à la viande, elle manqua totalement dans les journées du 4 et du dimanche 5, et il devint impossible d'en donner même à la garnison permanente. L'administration y suppléa en accordant une indemnité de 50 centimes par chacune des maisons qu'occupaient des soldats de la garnison. A l'égard des troupes en passage, les chefs prussiens, se fondant sur la convention qui obligeait la France à nourrir l'armée ennemie tant qu'elle serait sur son territoire, exigèrent que des rations de viande fussent fournies à leurs soldats. Le maire traita avec un boucher de Beaugency, qui livra en deux jours environ 1,200 kilogrammes de viande, au prix de 1 fr. 60 le kilogramme, ce qui occasionna une dépense de 1,920 fr., dont l'État devra le remboursement à la ville.

Une des grandes préoccupations de notre administration municipale, à toutes les époques des circonstances difficiles que nous traversâmes, fut la question des subsistances, et elle ne cessa d'y veiller avec un soin couronné de succès. Secondée par le zèle intelligent de l'un de ses membres, M. Duhamel, elle acheta des blés, les fit convertir en farines, qu'elle revendit aux boulangers au prix de revient. Elle se procura ainsi chaque jour des bons de pain, distribués tant aux indigents qu'aux ouvriers employés à des travaux d'utilité publique. Si les règles de la comptabilité communale ne furent pas toujours scupuleusement observées, les bons résultats obtenus par l'administration lui mériteront un bill d'indemnité.

Le même jour, un fait odieux s'était passé à la gare de Beaugency. Quelques soldats français blessés, sortant de l'ambulance du Verger, avaient obtenu de la bienveillance du commandant de place leur passage gratuit par le train allemand. Pendant qu'il était occupé au bureau de la gare à en rédiger l'ordre, un des soldats, trébuchant sur la voie, vint à froisser par mégarde le bras de l'adjudant de place, qui, tirant son sabre, lui en porta avec la poignée un coup sur le front; M. Auguste Hiss, conseiller municipal, qui présidait au départ des soldats, formula aussitôt une plainte sur cet acte de violence, la fit signer par des témoins oculaires, et la déposa entre les mains du maire de Beaugency, qui la transmit à l'autorité militaire prussienne. Cet adjudant s'était fait remarquer depuis longtemps par son insigne malveillance envers les habitants de la ville, en s'efforçant à plusieurs reprises de paralyser les bonnes dispositions de son chef à leur égard; aussi cet officier était-il aussi généralement détesté par la population que son commandant avait réussi à se faire aimer, autant qu'il était permis à un Français d'aimer un Prussien. Cet officier, nommé Seidnitz, commandait le régiment Detmold de la landwher; il avait pris Beaugency en si singulière affection, qu'il témoigna en partant le regret de ne pouvoir y acquérir une maison qui lui avait plu, pour venir y passer tous les ans la belle saison. Nous ne saurions oublier que c'est à lui que nous avons dû d'être dispensés de fournir deux cent cinquante paires de bottes et la contribution de guerre qui nous avait été imposée; et chaque fois qu'on avait recours à lui, on le trouvait toujours disposé à faire droit à toutes les réclamations qui lui semblaient justes.

Dans la soirée du lundi et pendant la journée du lendemain, des trains français passèrent à la gare de Beaugency, transportant à Paris un régiment d'artillerie avec ses canons.

Le mardi 7, le Conseil municipal se réunit à l'Hôtel-de-Ville. M. le maire lui annonça qu'une association de bienfaisance anglaise lui avait fait parvenir 1,000 fr., pour venir en aide aux cultivateurs qui auraient le plus souffert de la guerre; il proposa d'employer cette somme à acheter des chevaux qui seraient prêtés à ceux qui, ayant perdu les leurs par suite de la guerre, ne seraient pas en état d'en acheter d'autres. Le Conseil, adoptant la proposition en principe, en renvoya l'exécution à une commission composée de MM. Pandellé, Boucheron et Hiss.

M. le maire prévint le Conseil que notre brigade de gendarmerie allant être rapatriée, il était indispensable de réparer les dégâts commis dans l'hôtel par l'occupation prussienne; qu'il en avait fait dresser par le voyer de la ville un état s'élevant à 1,500 fr., et qu'il demandait

10.

l'autorisation de faire procéder à ces travaux par voie d'économie, attendu l'urgence.

Cette autorisation lui fut accordée à l'unanimité ; mais depuis, M. le maire fut prévenu par M. le préfet que l'administration départementale se chargeait de la majeure partie de ces réparations.

Le mercredi 3, un escalier volant, construit par l'entrepreneur de la passerelle du pont, permit de communiquer d'une rive à l'autre de la Loire, au prix de 10 centimes par personne, chargée ou non. La passerelle fut livrée à la circulation le samedi 22 avril.

Le même jour, un officier prussien fit vendre sur la place Saint-Firmin des chevaux de réforme à des prix qui ne pouvaient s'expliquer que par l'extrême besoin qu'en avaient nos cultivateurs.

Malgré l'arrivée, à trois heures, d'une forte colonne prussienne, le marché du samedi 11 mars fut mieux approvisionné que le précédent en céréales et en graines fourragères.

Enfin, le mercredi 15 mars sonna l'heure si impatiemment attendue de notre délivrance : la dernière colonne prussienne quitta Beaugency dans la matinée, faisant cesser ainsi l'affreux cauchemar que nous éprouvions chaque jour en voyant arriver des soldats ennemis.

Le vendredi 17, à dix heures du matin, trois escadrons de hussards et deux batteries d'artillerie firent leur entrée dans Beaugency. Nos regards, fatigués depuis trois mois de ne voir que des Allemands de toutes couleurs, se reposèrent avec bonheur sur des uniformes français.

Le samedi 18, notre marché reprit son aspect accoutumé, et nos places se garnirent de provisions de toute espèce. On remarqua surtout l'abondance des pommes de terre, qu'on croyait généralement avoir été épuisées pendant l'occupation prussienne.

Ce fut dans la soirée du dimanche 19 mars que nous reçûmes la première nouvelle de l'insurrection éclatée la veille à Paris. Nous étions alors loin de nous douter qu'elle aurait de si tristes et de si graves conséquences.

## XXIII.

Afin de consacrer par un monument les tristes souvenirs que renferment nos cimetières, le Conseil municipal décida qu'il serait posé dans celui de Beaugency une large pierre tumulaire à plan incliné, reposant sur quatre dés en maçonnerie, et portant au milieu l'inscription suivante, gravée en bosse sur une feuille de fonte :

*Ici reposent les corps de 316 militaires, morts en défendant le sol de la patrie contre l'invasion étrangère, dans les combats livrés les 7, 8, 9 et 10 décembre autour de Beaugency.*

*La France n'est jamais morte :*
*Elle n'est qu'endormie ! ! !*

Pareille pierre tumulaire, mais d'une moins grande dimension, fut également votée pour le cimetière de Vernon.

Le Conseil remit à des temps meilleurs la célébration dans l'église de Beaugency d'un service funèbre en l'honneur de ceux de nos concitoyens morts pendant la guerre.

Ici s'arrête la série des événements qui se rapportent à la guerre de 1870 et intéressent particulièrement notre canton ; ils ne nous reste plus qu'à dresser le triste bilan des pertes qu'elle lui a fait éprouver, par incendies, pillages, réquisitions et contributions de guerre.

Suivant les états fournis par les maires des différentes communes, ces pertes s'élèvent au chiffre suivant :

| | |
|---|---|
| Beaugency. . . . . . . . . . | 1,000,000 fr. |
| Baule. . . . . . . . . . | 680,000 |
| Cravant . . . . . . . . . . | 1,200,000 |
| Lailly . . . . . . . . . . | 447,000 |
| Messas. . . . . . . . . . | 338,737 |
| Tavers. . . . . . . . . . | 256,962 |
| Villorceau . . . . . . . . . | 560,000 |
| Total général. . . . | 4,532,699 fr. |

En faisant même la part des exagérations, il en reste assez pour démontrer combien notre pauvre canton a été cruellement éprouvé.

Nous pensons ne pouvoir mieux terminer ce récit qu'en rendant à ceux de nos concitoyens qui se sont distingués pendant la guerre la justice qui leur est si bien due.

Nous commencerons par M. Léonce Caillard, enseigne de vaisseau, en citant l'article suivant, extrait du *Moniteur universel* du 24 décembre 1870 :

« *Combat du Bourget.* — Cette fois encore, la marine
« a inscrit une magnifique page dans son histoire. Sur
« quinze officiers, les marins ont eu quatre tués et quatre
« grièvement blessés. A l'appel du soir, manquaient 274
« soldats sur la petite division de 600 hommes, commandés
« par M. Lamothe-Tonnet.

« Parmi les victimes, on cite le nom de M. Caillard,
« enseigne de vaisseau, blessé non mortellement, nous en
« avons l'espoir, qui a accompli, dans cette journée, un
« véritable prodige d'héroïsme et de sang-froid.

« Cerné avec une quinzaine d'hommes dans une maison,
« cet officier, qui avait réussi à entraîner dans sa retraite
« quelques prisonniers prussiens dont un officier, se dé-
« fendit avec la dernière énergie pendant une heure, ré-
« pondant par une fusillade bien nourrie aux assaillants
« qui lui criaient de se rendre.

« A la fin, voyant qu'il était inutile de prolonger la ré-
« sistance, et voulant échapper à l'ennemi, il contraignit
« les Prussiens à démolir deux ou trois murs, par la brèche
« desquels il battit en retraite, lui et ses hommes, sans
« pourtant lâcher l'officier prussien.

« Cent mètres plus loin, M. Caillard tombait et, avec
« lui, sept de ses compagnons d'armes. Malgré la grêle de
« balles, les survivants relevèrent leur officier, et par-
« vinrent, tout en tiraillant, à le mettre en lieu de sûreté. »

M. Caillard a été, pour sa belle conduite, immédiatement promu au grade de lieutenant de vaisseau, en attendant que le signe de l'honneur brille sur sa poitrine.

Dès que l'ennemi s'approcha de notre département,
M. Paul Caillard, des Bordes, se fit remarquer par son acti-
vité à organiser des compagnies de francs-tireurs dans ses
environs; il prit part à plusieurs engagements et déploya,
pour la défense nationale, un zèle qui lui valut la décoration de la Légion-d'Honneur en octobre 1870. Entré depuis
dans le corps de M. de Cathelineau, il obtint le commandement d'une compagnie et fit avec honneur le reste de la
campagne.

M. le comte de Lorge ne fut pas un des derniers à
marcher au secours de la patrie menacée par l'invasion
étrangère, et se vengea noblement ainsi des calomnies dont

il avait été un moment l'objet. Il s'engagea, avec deux de ses domestiques, dans le corps d'éclaireurs à cheval de M. de Charette, et s'y distingua par un courage digne du nom glorieux qu'il porte.

Notre concitoyen, M. Chevrier, avait deux fils qui figurèrent honorablement parmi les défenseurs de la patrie. Le premier, sous-lieutenant dans la ligne, faisait partie de l'armée de Paris et fut successivement, pendant le siége, promu aux grades de lieutenant et de capitaine.

Le second, parti comme capitaine dans les gardes mobiles du Loiret, partagea les succès et les revers de l'armée du général Bourbaki; obtint, par ses bons services, le grade de chef de bataillon; fut interné en Suisse, d'où il rentra en France après la signature des préliminaires de la paix.

Un des braves de notre ancienne armée, le commandant allié, capitaine aux grenadiers du 3e régiment de la garde impériale, était venu prendre sa retraite à Beaugency. Quand on organisa les gardes mobiles, on lui offrit et il accepta le commandement de la première compagnie du quatrième bataillon, composée des enfants de Beaugency. Il se rendit à Orléans le 22 juillet, réunit ses hommes le 15 août, et partit avec eux pour défendre la route de Fontainebleau, menacée par les Prussiens. Le 6 septembre, sa compagnie fut dirigée sur Paris, où elle arriva le même jour. Par arrêté du ministre de la guerre en date du 9 septembre, M. Allié fut nommé commandant du deuxième bataillon; mais M. Gambetta ayant jugé à propos de soumettre à l'élection tous les officiers des gardes mobiles, la nomination de M. Allié ne fut pas ratifiée par le deuxième bataillon. Il rentra alors comme volontaire dans les rangs du quatrième, tout en conservant son grade, et marcha au feu avec lui.

M. François Dreux, né à Cravant le 20 février 1837, était, au début de la guerre, capitaine aux chasseurs de la garde impériale, chevalier de la Légion-d'Honneur. Enfermé dans Paris pendant le siége, il se distingua dans plusieurs affaires, couvrit d'une manière tellement brillante la retraite de son corps d'armée au plateau d'Avron, qu'il fut fait chef de bataillon sur le champ de bataille même.

M. Dreux avait un frère, M. Clément Dreux, sergent au 138e de ligne, qui combattit avec lui sous les murs de Paris.

M. Léonard-François Belleteste, né à Cravant en 1822, était lieutenant au 52e de ligne, et prit une part active à la bataille livrée à Sedan. Resté seul officier de sa compagnie, qui, de 128 hommes dont elle se composait, fut réduite à 27, il partagea le sort de l'armée française à la fatale capitulation de Sedan, fut envoyé comme prisonnier à Breslau, en Silésie, rentra le 22 avril à Cravant, et rejoignit, quelques jours après, le dépôt de son corps à Narbonne.

M. Aristide Landas, enfant de Cravant, âgé seulement de vingt-trois ans, était sergent-fourrier quand éclata la guerre contre la Prusse. Il ne tarda pas à passer sergent-major. Il assista, en cette qualité, à la bataille de Sedan, fut fait prisonnier ; mais, plus heureux que ses camarades, réussit à s'échapper. A son retour en France, il fut, par suite d'une action d'éclat, nommé sous-lieutenant au 58e régiment de marche, armée de l'Est, obtint ensuite le grade de lieutenant dans l'armée de l'Ouest, et est maintenant à Versailles, où il défend le gouvernement national, menacé par les factieux qui veulent le renverser.

M. Charles David était élève de l'école forestière de Nancy quand, le 29 juillet, il partit comme sergent dans la première compagnie du quatrième bataillon des gardes mobiles du Loiret. Le 3 août, il fut nommé lieutenant à la cinquième compagnie du même bataillon, lieutenant adjudant-major jusqu'au 23 janvier, et capitaine adjudant-major après cette époque.

Du 20 septembre au 31 janvier 1871, le bataillon de M. David faisait partie des grand'gardes aux environs de Paris, en avant des forts. Dans cet intervalle, il occupa successivement diverses positions, fit le service des tranchées à l'avant du Bourget et de ses cantonnements, assista aux batailles de Villejuif, de Villiers, du Bourget, de Buzenval, et prit à toutes ces affaires une part glorieuse pour lui et pour tous ses officiers.

M. Georges Legendre, de Popincourt, était sous-lieutenant dans la première compagnie du quatrième bataillon des gardes mobiles du Loiret. Sans parler des affaires d'avant-postes et des escarmouches auxquelles prit part sa compagnie, elle se distingua aux combats de Champigny des 30 novembre, 1er et 2 décembre, aux combats du Bourget des 20 et 21 décembre, à la bataille de Buzenval du 19 janvier 1871, où son brave colonel, M. de Montbrizon, après avoir, par sa brillante attitude, ramené trois fois ses soldats à l'assaut d'un mur crénelé, trouva une mort glorieuse. Quelques instants plus tard, la première compagnie, conduite par le général de Miribel, s'élança, la baïonnette au canon, à l'attaque d'une maison occupée par les Prussiens, et malgré une grêle de balles et les pertes qu'elle éprouva, déploya dans cette circonstance un courage et une énergie à toute épreuve.

M. Georges Legendre fit à plusieurs reprises le coup de feu comme un simple soldat, et après l'affaire de Buzenval, dans laquelle il se distingua, mérita d'être appelé à la tête de sa compagnie.

M. Octave Laugère, parti comme lieutenant dans le quatrième bataillon des gardes mobiles du Loiret, confirmé dans son grade par le gouvernement, et réélu ensuite par ses camarades, comptait dans les rangs de l'armée de Paris pendant le siége de la capitale. Il prit part avec honneur aux batailles de Villejuif, de Champigny, du Bourget, de Montretout, où la sixième compagnie, composée en grande partie d'enfants de Beaugency, fut cruellement éprouvée. Son capitaine ayant donné sa démission, il fut appelé pendant quelque temps à commander sa compagnie.

M. Maxime Meynard de Franc, nommé sous-lieutenant au quatrième bataillon des gardes mobiles du Loiret à titre provisoire, vit son grade confirmé par un décret rendu à la fin d'août, puis quand le gouvernement soumit à l'élection les officiers de gardes mobiles, fut élu de nouveau par ses camarades avec son grade.

A la bataille de Villejuif du 30 septembre, le quatrième bataillon, chargé de protéger la retraite, ne fut pas engagé; mais aux batailles des 30 novembre, 1er, 2 et 3 décembre, à Champigny, il prit une part sérieuse à l'action, et éprouva des pertes considérables en officiers et soldats. Le gouvernement ayant sagement renoncé à faire élire les officiers, un décret du 8 décembre conféra à M. Meynard de Franc le grade de lieutenant comme récompense de ses bons services.

Ce fut en cette qualité qu'il assista le 21 décembre à la bataille du Bourget, et le 19 janvier au combat de Buzenval, où il vit tomber à ses côtés son colonel, M. de Montbrizon; son capitaine, M. le vicomte Murat de l'Étang; son camarade, M. Georges de Geffrier.

Au moment de l'armistice, le régiment de M. Meynard de Franc, qui se composait à son arrivée devant Paris de 3,000 hommes, n'en avait plus que de 16 à 1,700 en état de porter les armes.

M. Georges de Geffrier, sergent au quatrième bataillon des mobiles du Loiret, compagnie de Châteauneuf, se distingua à la bataille de Champigny, fut nommé par décret du 8 décembre sous-lieutenant, en remplacement de M. Meynard de Franc passé lieutenant. A l'affaire de Buzenval du 19 janvier, M. de Geffrier, combattant à la tête de sa compagnie, tomba mortellement frappé d'une balle, emportant avec lui les regrets de tous ses camarades, ceux de son honorable famille et de ses nombreux amis.

M. Daniel Main s'engagea le 13 août pour la durée de la guerre. Nommé sergent aux mobiles de Loir-et-Cher, qui devinrent plus tard le 75e régiment de marche, il assista au combat de Saint-Laurent-des-Bois le 7 novembre, à la bataille de Coulmiers du 9, aux engagements des 1er, 2, 3 et 4 décembre autour de Patay, dans lesquels son régiment perdit le tiers de son effectif. Aux affaires qui eurent lieu autour de Beaugency les 7, 8, 9 et 10 décembre, il se trouva au plus fort de la mêlée, fit bravement le coup de feu, et fut alors nommé sous-lieutenant. Lors de la retraite du général Chanzy sur le Mans, il donna dans tous les engagements qui eurent lieu à cette époque, se distingua aux batailles des 10, 11 et 12 janvier, eut son capitaine tué auprès de lui, fut par suite promu au grade de lieutenant, et commanda depuis sa compagnie.

Le régiment dont faisait partie M. Main fut à plusieurs reprises mis à l'ordre du jour de l'armée, pour les charges brillantes qu'il exécuta à la baïonnette.

Sorti des rangs de l'armée, M. Louis-Jules Gentils était venu se fixer à Beaugency, où il succéda comme huissier à M. Leclair. Quand le gouvernement rappela les anciens militaires, il fut incorporé dans le 23ᵉ régiment de ligne, 36ᵉ de marche, composé en majeure partie de soldats ayant fait les campagnes de Crimée et d'Italie. Ce fut ce régiment qui arriva à Beaugency le 6 décembre, et qu'au lieu d'envoyer à Beaumont, où sa présence aurait assuré la victoire, on fit rétrograder à Blois. Le 9 décembre, le bataillon de M. Gentils, fort de 1,100 hommes, soutint pendant trois heures une lutte héroïque contre 10,000 Prussiens, appuyés par trente pièces de canon, ayant derrière eux un corps d'armée de 30,000 combattants. Quand il fut obligé de céder au nombre, le bataillon de M. Gentils opéra sa retraite en bon ordre, après avoir fait éprouver à l'ennemi des pertes considérables.

Un enfant de Beaugency, René Adam, jeune soldat de la classe de 1870, fut incorporé dans le 20ᵉ bataillon de chasseurs à pied, 3ᵉ de marche. Du 11 octobre au 3 novembre, il garda avec ses camarades le carrefour de Mocquebaril, et en défendit l'approche aux Prussiens. Dirigé de là sur le 15ᵉ corps de l'armée de la Loire, il assista aux batailles de Saint-Laurent-des-Bois, de Coulmiers, de Patay, de Villepion, où il fut blessé le 2 décembre. Rentré à son corps le 26 janvier, il reçut immédiatement les galons de caporal, partit avec son bataillon pour Marseille, y soutint bravement la cause de l'ordre contre les émeutiers du Midi, fut blessé le 4 avril, nommé sergent le 15, et porté pour la médaille militaire, en récompense de son courageux dévoûment.

Les bornes de cet ouvrage ne nous permettent pas de citer les noms de tous les enfants de Beaugency qui ont concouru à la défense nationale. Il nous suffira de dire, comme un fait peut-être sans exemple en France, que sur une population de 4,800 âmes, notre ville a fourni à l'armée active et à la garde mobile 480 combattants, y compris près de quarante engagés volontaires.

Nous avons, en terminant, un dernier devoir à remplir, celui de féliciter les maires et adjoints des communes de notre canton du zèle et du dévoûment déployés par eux dans les circonstances difficiles qu'ils ont traversées. Si le courage militaire mérite d'être signalé à la reconnaissance publique, le courage civil, qui a aussi ses dangers, ne saurait être oublié sans injustice.

# TABLE.

www.ingramcontent.com/pod-product-compliance
Lightning Source LLC
Chambersburg PA
CBHW070043100426
42733CB00042B/1616